AF296962

MORALE

ET

SCIENCE

BIBLIOTHÈQUE DES ÉDUCATEURS

MORALE
ET
SCIENCE

CONFÉRENCES FAITES A LA SORBONNE

PAR

MM. LAPIE, PARODI, MELINAND, Félix PÉCAUT,
GOBLOT, Abel REY et PÉZARD

AVANT-PROPOS DE M. LAPIE

PARIS
LIBRAIRIE CLASSIQUE FERNAND NATHAN
16, Rue des Fossés-Saint-Jacques (V⁰)
1923

A LA MÊME LIBRAIRIE

F. Pécaut......... *En marge de la Pédagogie, 1 vol., 5 fr.*

Bernard .... *Comment on devient un Educateur, 1 vol., 6 fr. 75.*

Fontaine .... *Pour qu'on sache le français, 1 vol., 5 fr.*

Gal .... *Des Faits à l'Idée, 1 vol., 5 fr.*

Flayol .... *La Méthode Montessori en action, 1 vol.*

Garcin .... *L'Education des petits enfants par la Méthode Montessorienne, 1 vol.*

Félicien Challaye. *Principes généraux de la Science et de la Morale, 1 vol., 7 fr. 50.*

Souriau .... *Principes généraux de Sociologie appliqués à l'Education et à la Morale, 1 vol., 7 fr. 50.*

Charrier .... *Pédagogie vécue, 1 vol., 9 fr. + 25 % de hausse.*

Charrier .... *Comment on développe un sujet pédagogique, 1 vol., 6 fr. + 25 % de hausse.*

AVANT-PROPOS

Les programmes de 1920 prescrivent aux directeurs et directrices des Ecoles normales d'exposer à leurs élèves de troisième année les « principes généraux de la science et de la morale. »

On a voulu que les futurs instituteurs et futures institutrices, après avoir parcouru quelques-uns des domaines des sciences mathématiques et des sciences expérimentales, après avoir étudié les diverses obligations qui s'imposent à l'homme et au citoyen, eussent l'occasion de réfléchir sur l'esprit qui anime les disciplines scientifiques et les disciplines morales, sur ls méthodes qui leur confèrent leur valeur, sur les fondements qui garantissent leur solidité. On a voulu mettre ces jeunes gens et ces jeunes filles en garde à la fois contre les excès d'un dogmatisme intransigeant et contre les séductions d'un trop facile scepticisme. On a voulu leur donner l'impression que la science (science physique ou science morale) ne s'improvise pas, qu'elle ne procède pas par divination, qu'elle se construit par un lent et patient effort ; mais, d'autre part, qu'elle réserve à ses fidèles, avec les joies de la découverte, la possession de vérités certaines. Méfiance à l'égard d'eux-mêmes, confiance à l'égard de la vérité — de la vérité morale aussi bien que de la vérité scientifique, — voilà les sentiments qu'on a voulu inspirer aux futurs maîtres de la jeunesse française.

Mis en présence de ce programme et de ce dessein, les directeurs et directrices des Ecoles normales, dans un geste de modestie qui les honore, demandèrent à redevenir étudiants. Bien que la plupart eussent reçu à Saint-Cloud, à Fontenay-aux-Roses ou dans les Facultés une éducation philosophique qui leur eût permis d'aborder sans appréhension le nouvel enseignement qui leur était confié, ils ont manifesté le désir de recommencer cette éducation.

C'est de ce désir que sont sorties les conférences dont on trouvera dans ce volume la reproduction. Je n'aurai pas la présomption de présenter au lecteur les professeurs éminents qui ont bien voulu se joindre au directeur de l'enseignement primaire pour répondre à l'appel des directeurs et directrices d'Ecoles normales. Je me bornerai à les remercier publiquement de leur concours. Et je suis bien sûr de répondre à leur sentiment en remerciant en leur nom, comme au mien, nos auditeurs et nos auditrices de septembre 1922. C'est à eux, c'est à elles que ce livre est dédié. Puisse-t-il leur être utile dans l'accomplissement de leur mission ! Puisse-t-il les aider à donner à nos futurs instituteurs, à nos futures institutrices, les deux attitudes mentales sans lesquelles il n'y aurait ni science véritable ni morale digne de ce nom : l'esprit critique et la foi rationnelle !

Paul LAPIE.

MORALE ET SCIENCE

MORALE ET SCIENCE

Conférence par M. LAPIE,

Directeur de l'Instruction primaire au Ministère

de l'Instruction publique.

Mesdames, Messieurs,

J'ai pensé que, pour inaugurer cette série de conférences sur les principes de la Morale et sur les principes de la Science, il ne serait pas inutile d'examiner s'il n'y a pas des points communs entre ces deux parties de votre cours de troisième année.

Il ne manque pas de penseurs, à l'heure actuelle, pour estimer que la Science et la Morale constituent deux domaines indépendants. La Science, disent-ils, s'occupe de constater des faits ; elle est purement descriptive ; la Morale, au contraire, propose un idéal ; elle est normative. Ce sont des disciplines orientées en sens divergents ; ce sont, pour ainsi dire, deux asymptotes qui ne se rencontrent qu'à l'infini.

Depuis quelques années, cette théorie s'est répandue. On n'a pas été sans faire remarquer que la Science est indifférente à ses propres constatations et à leur valeur morale, indifférente aux conséquences qu'on peut tirer de ses découvertes, si bien qu'une « culture » éminemment scientifique peut s'accompagner de mani·festations de barbarie. Vous vous rappelez combien de fois, pendant la guerre, cette opinion a été exprimée.

Cette opinion est particulièrement grave pour nous, éducateurs laïques, car, si la Morale et la Science sont absolument indépendantes l'une de l'autre, si la Morale ne peut pas s'appuyer sur la Science, sur quoi s'appuiera-t-elle ? A l'heure actuelle, l'esprit humain n'éprouve de confiance véritable que dans la Science, dans la certitude scientifique. Les hypothèses métaphysiques ont perdu leur prestige. La critique qui en a été faite, soit par la philosophie Kantienne, soit par la philosophie positive, a eu ce résultat d'enlever aux théories métaphysiques la confiance que les esprits pouvaient leur accorder jadis. En revanche, la Science a acquis le crédit que d'autres disciplines ont perdu. A mesure que la Science a fait des progrès, les vérités qu'elle a établies apparaissent plus certaines, les méthodes qu'elle a constituées apparaissent plus sûres, si bien que c'est la Science aujourd'hui qui, en dépit de certaines attaques, attire le plus la confiance des hommes.

Dire que la Morale et la Science n'ont aucun point commun, ce serait presque déclarer que la Morale ne mérite pas crédit, ou ce serait reconnaître qu'elle ne mérite de crédit qu'à la condition de s'appuyer sur des principes qui dépassent le champ de l'humanité, le champ de la nature, sur des principes d'ordre surnaturel. Savoir si la Morale peut s'appuyer sur la Science, c'est savoir si elle possède un fondement naturel solide ; c'est savoir si l'œuvre que nous accomplissons est une œuvre durable, ou si c'est une œuvre incomplète et fragile. Voilà comment la question se pose pour nous ; voilà pourquoi il vaut la peine de rechercher si vraiment la Morale et la Science ne peuvent se rencontrer un peu plus près qu'à l'infini.

I

Il est bien évident que la Morale et la Science se rencontrent sous nos yeux, et déjà, l'an dernier, nous avons eu à étudier l'utilisation que peut faire la morale de certaines données scientifiques.

Tout le monde sait, en effet, que la biologie, la psychologie, la sociologie, une fois qu'une fin morale est proposée aux hommes, peuvent indiquer les moyens les plus propres à atteindre cette fin. Si, par exemple, la morale décide qu'il est bon d'être bien portant, que la santé, ou que l'hygiène est une vertu, la biologie nous indiquera les moyens les plus sûrs d'être bien portants, de vivre dans des conditions hygiéniques. Si la morale déclare qu'il est bon d'être prudent, ou d'être honnête, la psychologie nous fournira des moyens d'acquérir ces qualités. La psychologie nous donne le moyen de réagir contre nos habitudes, lorsqu'elles sont mauvaises, ou, au contraire, de donner libre cours à nos habitudes lorsqu'elles sont bonnes. De même, je vous ai montré, l'an dernier, que la sociologie peut, en nous révélant, par exemple, les conséquences fâcheuses du relâchement des liens familiaux, nous fournir le moyen de les éviter.

En d'autres termes, ce que l'on appelle la technique morale, c'est-à-dire l'art de trouver des recettes utiles pour arriver aux fins que la morale elle-même a posées, cette technique indispensable peut trouver son appui dans la Science. Et c'est précisément pour cette raison que nous pouvons parler, dans les Ecoles Normales, d'une psychologie appliquée à la morale et à l'éducation, d'une sociologie appliquée à la morale et à l'éducation. Ces sciences fournissent à la morale de précieux moyens d'action. Sans elles, les préceptes moraux demeureraient en l'air. Or, ce que nous recher-chons dans les Ecoles Normales, qui doivent être des foyers intenses d'action morale, ce ne sont pas des théories en l'air. Seules, les sciences, qui fournissent les éléments de la technique morale, permettent aux préceptes de passer dans la réalité. Ne méconnaissons pas leur importance.

Et pourtant, vous sentez bien que ce que je viens de dire est tout à fait insuffisant pour sceller une union intime entre la Morale et la Science. Si la santé est un bien, si la prudence est un bien, la science biologique, la science psychologique fourniront des moyens de les atteindre. Mais pourquoi la santé est-elle un bien ? pourquoi la prudence est-elle un bien ? La Science, telle que nous l'avons entendue jusqu'ici, ne nous le dit pas. Bien plus, elle nous fournirait les moyens de pratiquer le vice aussi bien que les moyens de pratiquer la vertu. Elle fournit des instruments à la technique de l'immoralité comme à la technique de la moralité.

En d'autres termes, tout ce que nous avons dit jus-qu'à présent montre bien comment la Science peut aider la Morale dans la poursuite de ses fins, mais ne nous montre pas que la Science aide la Morale à définir ces fins mêmes, à définir son idéal. Or, c'est l'essentiel. La Morale est essentiellement une doctrine de l'idéal, et tant que la Science n'aura pas contribué à lui fournir les éléments constitutifs de cette doctrine, on pourra dire que les rencontres qui peuvent être ménagées entre elles sont accidentelles, que leur union n'est pas intime.

Il faut donc rechercher si la Science peut définir l'idéal moral. Vous savez qu'à ce sujet des tentatives ont été faites, particulièrement en France, à la fin du dix-neuvième siècle, par l'école sociologique. Vous avec entendu, l'an dernier, des conférences sur ce sujet. Je me borne donc à résumer la thèse de cette Ecole. Elle consiste à dire : L'idéal est, lui aussi, un fait, une réalité ; l'apparition de l'idéal dans les consciences, c'est un phénomène, qui peut par conséquent être scientifiquement observé, comme tous les autres phénomènes. La Morale est une science normative, qui propose des fins à notre activité, mais ces fins se trouvent elles-mêmes incluses dans des réalités humaines que décrit la sociologie. On peut donc chercher comment elles apparaissent, se transforment et disparaissent. On peut chercher comment elles s'imposent, comment elles créent des obligations pour les membres des sociétés dans lesquelles elles apparaissent. Et, en faisant cette recherche, on aura fait une étude scientifique de l'idéal moral, on aura justifié l'idéal moral par l'observation des sociétés, de la même façon qu'on justifie une vérité physique par l'observation des phénomènes naturels.

Mettant en œuvre cette méthode, l'Ecole sociologique française croit pouvoir établir que la loi morale n'est que le retentissement dans les esprit individuels des exigences de la vie sociale. Pour que la société existe, il faut que ses membres accomplissent certaines actions ; pour qu'elle continue d'exister, pour qu'elle survive, il faut que certaines autres actions soient accomplies. Eh bien ! ces actes qui sont imposés à l'individu par les nécessités mêmes de la vie sociale, ce sont justement des actes qu'on appelle des actes moraux. Ainsi le but moral de l'activité humaine, c'est ce qui constitue la condition nécessaire de la vie sociale.

On explique, par l'origine sociologique du devoir moral, un certain nombre de ses caractères. Le devoir apparaît à nos consciences individuelles comme quelque chose qui s'impose à nous, que nous n'avons pas à discuter. C'est ce que Kant traduisait en disant que l'ordre moral est quelque chose d'absolu, que cet impératif est « catégorique », n'est soumis à aucune condition. Comment, en effet, ne nous apparaîtrait-il pas comme l'émanation d'une force supérieure, s'il exprime la raison d'être du groupe qui nous enveloppe, de la collectivité qui dépasse notre individu ?

Et, de même, on s'explique que cet ordre ait, aux yeux de la conscience, quelque chose d'à la fois redoutable et séduisant. Quelque chose de redoutable, parce qu'en effet toute atteinte à cet ordre est condamnée par l'opinion publique et par la collectivité tout entière. Quelque chose de séduisant, parce que, en tant que parties de la Société elle-même, nous devons désirer sa survie, sa prospérité, et nous sentir attirés par tout ce qui assure sa conservation et son progrès. En d'autres termes le bien moral est pour nous quelque chose à la fois d'intime et de supérieur, et ce double caractère s'explique, suivant l'Ecole sociologique française, par ce fait que le devoir moral est d'ordre social, qu'il répond aux besoins les plus urgents de la société dont nous sommes membres, qu'il est un ordre de la conscience collective.

Vous voyez comment, dans cette doctrine, l'idéal moral est une réalité sociale. C'est un fait qui se manifeste dans toutes les sociétés, et qui peut être étudié scientifiquement, comme tous les faits sociaux. De cette façon, il y aurait une union intime entre la Morale et la Science : la Morale serait la science des mœurs.

Vous savez aussi quelles objections on a adressées à cette conception de la moralité : conception qui repose sur un grand nombre de faits exacts, qui éclaire d'un jour lumineux la vie morale, mais qui, néanmoins, ne tient peut-être pas compte de tous les caractères de la moralité.

En particulier, on a souvent fait la remarque que, dans cette théorie, l'apparition dans une collectivité d'un idéal nouveau est un fait qui s'explique mal. Si les règles morales, les préceptes donnés aux hommes sont imposés par les nécessités de la vie sociale, comment peut-il se faire qu'à un moment donné de l'histoire d'une société apparaisse, dans une conscience individuelle isolée, un idéal nouveau, supérieur à l'idéal ancien ? Comment s'expliquer les progrès de la moralité, qui sont la plupart du temps l'œuvre d'individus de génie — de génies moraux ? Comment une initiative morale peut-elle se produire si la conscience collective est la source unique de la moralité ? Il est vrai que toute innovation dans le domaine moral apparaît comme un sacrilège ou comme un crime. Mais si le moral s'identifie avec le social, toute invention morale est réellement un sacrilège et un crime. L'individu n'a pas le droit de se révolter contre la tradition collective. — Mais n'avons-nous pas, nous-mêmes, le droit de nous révolter contre de telles conclusions qui proscriraient tout progrès moral !

En d'autres termes, dans une doctrine de ce genre, il semble que, dans une société donnée, la morale devrait demeurer stable. Ou bien on ne s'expliquerait pas ses changements, ou bien on ne se les expliquerait qu'en fonction de changements survenus dans la constitution de la Société elle-même. Mais un changement, un progrès moral qui a pour cause un individu, l'illumination soudaine d'une conscience isolée qui finit par déterminer un progrès moral dans la société, et même dans l'humanité tout entière, comment cela peut-il s'expliquer ?

Je sais bien qu'on peut répondre, du point de vue sociologique, que peut-être le génie moral en question a tout simplement eu une anticipation de la réalité, une vue préventive des besoins sociaux de demain, et que le progrès qu'il accomplit n'est lui-même qu'un progrès déterminé par la prévision de ces nécessités sociales de demain. On fait remarquer que l'individu, si génial soit-il, n'en est pas moins, lui aussi, un produit de la collectivité, que ses idées sont elles-mêmes le produit de la collectivité, et que par suite, son idéal nouveau est, lui aussi, l'effet des conditions dans lesquelles vit la collectivité. Il n'y en a pas moins quelque chose d'étrange dans l'apparition soudaine d'idées qui, révolutionnant la société, ne peuvent pas en être le produit exclusif.

Dès lors, on est amené à se demander si l'on ne pourrait pas trouver dans une autre science que la sociologie les conditions d'apparition d'un idéal moral nouveau. On peut se demander si, complétant l'œuvre de la sociologie, une autre science ne peut pas, elle aussi, étudier, par une méthode purement scientifique, l'idéal moral comme une réalité. Or, il existe une science qui se donne pour tâche d'étudier le sentiment moral et qui peut appliquer à l'étude de ce sentiment la méthode scientifique : c'est la psychologie. La psychologie ne peut-elle pas, en étudiant le mécanisme de la volonté humaine, et particulièrement de la volonté morale, arriver à une étude scientifique des normes morales ?

Eh bien ! je crois qu'en effet, lorsqu'on étudie au point de vue psychologique la manière dont apparaît l'idéal moral dans la conscience, on trouve assez aisément que cet idéal, sous les formes variées suivant lesquelles il se présente dans l'espèce humaine, peut recevoir une définition identique. Je crois qu'il est possible de démontrer que tous les humains qui obéissent à la conscience morale obéissent à ce qu'on pourrait appeler la volonté de justice.

Je sais bien que tous les psychologues ne sont pas de cet avis ; on a prétendu souvent que l'idéal universel, pour les êtres humains, comme pour tous les êtres vivants, c'est simplement le besoin de jouissance, que toute volonté humaine est une aspiration vers le plaisir. Et, en un sens, cette doctrine est exacte. Il est bien certain que tout être vivant tend vers la satisfaction de ses besoins, mais il y tend moins par sa volonté que par ses aspirations inconscientes. Lorsque sa volonté intervient, c'est-à-dire lorsque son action, au lieu d'être purement impulsive, est une action réfléchie, quelque chose s'ajoute à la notion du plaisir. L'individu qui volontairement accomplit une action, se donne, tout au moins à lui-même, le prétexte d'agir pour autre chose que pour le plaisir pur. Et même si ce n'est qu'un prétexte, c'est en quelque sorte la reconnaissance par le vice lui-même de l'idéal moral que s'impose l'homme vertueux ; c'est la reconnaissance, par l'homme vicieux lui-même, que ce qui est bien pour un homme, c'est le juste.

Prenez l'égoïste le plus accompli, l'égoïste qui n'hésite pas à sacrifier une autre personne humaine à la satisfaction de ses propres appétits, et étudiez sa conscience au moment même où il commet son crime. Vous apercevrez qu'il s'imagine tout au moins avoir le droit de faire ce qu'il fait. Certes, il sait bien qu'il n'en a pas le droit au point de vue légal; il sait que la loi lui interdit de tuer, mais il pense qu'il mérite lui-même de ne pas être sacrifié à autrui, et, s'il considère que le sacrifice d'autrui est la condition nécessaire de sa propre survie, il n'hésite pas à l'accomplir. En d'autres termes, il a, de la valeur de sa personne et de son droit, une idée tellement exagérée et tellement fausse, qu'il considère que la mort d'autrui est une conséquence qui n'a rien d'injuste à condition que sa propre vie subsiste. Mais, si fausse qu'elle soit, c'est l'idée de son droit qui préside à son acte, et l'idée du droit est un aspect de l'idée de justice.

Inversement, si vous examinez l'état d'esprit des hommes qui se sacrifient à autrui, c'est-à-dire si vous prenez les cas dans lesquels la volonté prend pour fin, en apparence, non pas la justice, mais la charité, vous verrez qu'ils ont, en général, d'eux-mêmes une notion si modeste et si humble, qu'ils considèrent que leur vie ne vaut pas la peine d'être défendue, et que la vie d'autrui est d'une valeur supérieure à leur vie propre. Le sacrifice de l'individu, soit à autrui, soit à la collectivité, s'impose presque nécessairement à la conscience quand la valeur de l'individu sacrifié n'est pas jugée par lui égale à la valeur de l'individu ou de la collectivité qui vaut ce sacrifice. Le héros ne croit jamais dépasser son devoir, aller au-delà de ce qui est juste.

Ainsi, je n'insiste pas davantage sur ce point, car peut-être dans une conférence ultérieure y reviendra-t-on, mais je crois bien que la volonté morale, la volonté consciente et réfléchie de l'homme, d'une manière générale, je dirais volontiers universelle, a pour fin la justice. L'individu qui recherche sa propre jouissance ne la recherche que s'il s'en juge digne. L'individu qui recherche la puissance s'imagine, à tort ou à raison, qu'il est digne d'exercer cette puissance et de l'exercer même au détriment d'autrui. Dans tous les cas se présente donc à la conscience l'idée qu'il y a un rapport défini entre la valeur de l'action ou de l'agent qui l'accomplit et la valeur du résultat qui suit cette action. Cette idée, c'est l'idée de justice.

II

Eh bien ! si vraiment toute volonté raisonnable, ou simplement toute volonté réfléchie, est une volonté de justice, nous pouvons espérer que la Morale et la Science pourront, à un moment donné, se rejoindre.

Qu'est-ce, en effet, que l'idée de justice, telle que je viens d'essayer de la définir ? L'idée de justice, ce n'est autre chose que la traduction, dans le domaine des actions volontaires, des principes qui sont les principes mêmes de la science : le principe d'identité et le principe de causalité.

Qu'est-ce que le principe d'identité, et qu'est-ce que le principe de causalité ? Vous le savez, le principe d'identité veut qu'une chose soit ce qu'elle est, et ne soit pas autre chose. C'est la condition même de la

Science, car c'est la condition sans laquelle on ne pourrait énoncer aucune proposition. Si les choses fuyaient pour ainsi dire sous notre pensée ; si, au moment même où nous les saisissons, elles n'étaient déjà plus ce qu'elles sont, si rien ne pouvait leur être attribué, précisément parce qu'elles seraient en même temps ce qu'elles sont et ce qu'elles ne sont pas, toute espèce de science serait absolument impossible.

De même, vous savez que le principe de causalité est un principe essentiel de la Science, qui s'efforce partout de chercher l'explication des faits. Or, le principe d'identité et le principe de causalité se conjuguent, pour ainsi dire, pour donner naissance à un principe dérivé, d'après lequel, quand un phénomène se répète plusieurs fois, ses antécédents et ses conséquents sont les mêmes dans les divers cas : les mêmes causes produisent les mêmes effets, et les mêmes effets sont produits par les mêmes causes. C'est le principe de la régularité des lois, le principe de l'ordre dans la nature, comme on l'appelle quelquefois, le principe de l'uniformité ou de l'identité des séquences. Cette dernière dénomination dit elle-même comment s'unissent en ce principe les deux principes d'identité et de causalité.

Ce principe est le postulat de la science expérimentale. Si le savant n'avait pas confiance dans ce postulat, il renoncerait à la recherche. Toutes les fois que sa recherche commence, toutes les fois qu'un problème se pose pour lui, c'est précisément parce que ce postulat lui paraît en échec, et qu'il cherche à trouver, sous cette exception apparente, l'application effective de ce principe.

Eh bien, prenez ces principes, et en particulier le dernier, et transportez-les dans le monde des actions volontaires. Vous verrez que de cette simple transposition résulteront des formules qui sont les formules mêmes de la loi de justice. Recommander à un agent volontaire d'être ce qu'il est, de développer ses virtualités, de demeurer ce qu'il est, et par conséquent de rejeter ce qui n'est pas lui, ou, au contraire, de s'attribuer ce qui lui appartient, c'est là une formule qui n'est que la transposition, en langage moral, du principe d'identité ; et c'est la formule qui révèle le devoir envers soi-même, la justice envers soi-même.

Que nos actions soient suivies des mêmes conséquences lorsqu'elles sont identiques, que nos actions, lorsqu'au contraire elles sont inégales, soient suivies de conséquences inégales. Et, comme ces conséquences sont, en général, des conséquences relatives à notre sensibilité, c'est-à-dire des plaisirs ou des douleurs, qu'une action qui a été suivie une fois d'un plaisir soit suivie d'un plaisir égal si elle est répétée, et au contraire qu'une action une fois suivie d'une douleur soit suivie d'une douleur égale si elle est répétée, c'est là, traduit en langage moral, le principe même de la régularité des séquences. Or, l'idée que des actions égales doivent être suivies de réactions ou de sanctions égales, que des actions inégales doivent être suivies de réactions ou de sanctions inégales, que des actions de sens contraire doivent être suivies de réactions en sens contraire ou de sanctions en sens contraire, c'est encore un aspect de l'idée de justice.

Considérez, maintenant, des agents différents qui collaborent à une même tâche : s'ils participent dans des proportions égales, ils doivent, semble-t-il, subir les réactions dans des proportions égales ; s'ils participent dans des proportions inégales, ils doivent, semble-t-il, subir des réactions proportionnelles à leurs actions ; et nous arrivons à la formule même de la justice distributive.

Ainsi, vous voyez comment le principe de justice n'est pas autre chose que le principe de l'uniformité des séquences transporté du domaine scientifique dans le domaine des actions volontaires, dans le domaine moral. Si le principe de causalité, avec ses annexes et ses corollaires, est le postulat de la Science, il est aussi le postulat de la Morale.

Ce que je vous dis en ce moment peut vous surprendre, et cependant, si vous y réfléchissez, vous vous apercevrez que cette théorie s'accorde exactement avec la réalité. Pour vous en donner une preuve, je vous citerai un article de journal qui m'est tombé dernièrement sous les yeux, article dans lequel on disait beaucoup de mal de la politique, en même temps que de l'Administration, et dans lequel on disait en particulier ceci :

« En politique, en administration, point de moralité. »

Je ne prends pas à mon compte cette première partie de la thèse. Ce qui m'intéresse, c'est la seconde : pourquoi l'auteur déclare-t-il qu'en politique et en administration, il n'y a point de moralité ? C'est, dit-il, que « les effets n'ont pas de cause », il n'y a pas de « lien naturel entre l'acte et ses conséquences ».

Ainsi, quand on veut démontrer que quelque domaine de l'activité humaine n'a pas de moralité, on s'efforce de montrer que, dans ce domaine, il y a discordance entre les actes et leurs conséquences.

L'auteur de l'article que je viens de citer est amené naturellement à la théorie même que je vous exposais à l'instant. Vous voyez combien intime est, dans notre pensée, l'union de l'idée de justice et de l'idée de causalité. Vouloir la justice, c'est vouloir que dans le monde des volontés humaines, les mêmes causes produisent les mêmes effets, les effets soient proportionnés aux causes. Nous sommes scandalisés par un acte injuste, comme nous sommes stupéfaits par un fait sans cause, ou par une cause sans effet. Notre idéal moral consiste à introduire dans le monde des volontés un ordre rationnel comme notre idéal scientifique, c'est de découvrir dans l'univers un ordre rationnel.

Ainsi il apparaît bien que nous pouvons asseoir notre doctrine morale sur un principe solide, puisque ce principe, le principe de justice, n'est qu'une sorte de corollaire du principe de causalité, principe de la Science.

III

Cette théorie ne supprime pas la différence qui existe entre l'attitude du savant et l'attitude du moraliste, ou celle de tout agent moral.

Quel est le problème pour le savant ?

Le savant se trouve en présence d'un monde où règne un désordre apparent. Les phénomènes se suivent, s'entrecroisent, s'enchevêtrent, dans un fouillis tel que, à première vue, c'est le désordre qui est la loi, c'est le hasard qui mène le monde. Eh bien, dans ce désordre apparent, l'effort du savant est de démontrer, en s'appuyant précisément sur le principe de causalité, qu'un ordre réel existe, que sous le désordre, il y a de l'ordre. Il ne change rien à la nature ; il n'a pas à la modifier ; il n'a qu'à constater, et l'on a raison de dire que la Science est éminemment descriptive. Sa tâche consiste exclusivement à observer, puis à interpréter les observations de façon à montrer l'accord qui existe entre l'esprit et la nature, entre le principe rationnel de l'uniformité des séquences et l'uniformité réelle des séquences dans le monde. Voilà quelle est l'attitude du savant.

L'attitude du moraliste, ou simplement l'attitude de l'homme qui agit moralement, est toute différente. Il constate, lui, qu'en réalité telles actions ne reçoivent pas les récompenses ou les punitions qu'elles méritent, que telles actions ne sont pas suivies de leurs conséquences normales. Ce n'est pas un désordre apparent qu'il constate dans la société, c'est un désordre réel, et, au lieu de rechercher sous un désordre apparent un ordre réel, il va, intervenant dans le monde par ses actions et modifiant par elles le cours des choses, substituer un ordre réel au désordre réel qu'il a constaté. Tandis que le savant retrouve l'ordre par sa découverte, l'agent moral rétablit l'ordre par ses actes.

Donc, on a tout à fait raison de dire que la Science et la Morale sont orientées dans des sens différents, se développent dans des plans différents. C'est ce qui vous explique pourquoi se produisent les écarts que je signalais au début de cette leçon, pourquoi certaines applications de la Science peuvent contrarier la Morale. Les découvertes de la Science peuvent aboutir à des conséquences qui n'ont rien à voir avec la Moralité. Mais cependant, bien qu'ainsi orientées dans des sens divers, la Morale et la Science ont un principe commun, un postulat commun, qui est précisément le principe rationnel par excellence, le principe de causalité, ou, plus exactement, un corollaire des principes de causalité et d'identité, le principe de la régularité des lois.

Mais ici vous pourriez m'adresser quelques objections. Vous pourriez me dire, par exemple, que je retarde un peu, car le principe de causalité est abandonné par un certain nombre de savants. L'idée de cause elle-même, dit-on souvent, n'a pas de valeur scientifique. Ce que les savants recherchent, ce ne sont pas des causes, car la cause, c'est quelque chose de métaphysique ; c'est, tout au moins, la survivance dans l'esprit moderne d'une notion métaphysique. Ce que les savants recherchent, ce n'est pas une cause déterminée pour un effet déterminé ; c'est un ensemble de circonstances *en fonction* desquelles varient les phénomènes. Les savants emploient beaucoup plus volontiers le mot de fonction que le mot de cause ; ils cherchent comment les phénomènes varient en fonction de certains autres phénomènes, beaucoup plus qu'ils ne recherchent les causes productrices du phénomène qu'ils étudient. Cela est vrai, et si j'emploie encore le mot cause, c'est pour simplifier ma démonstration, mais je reconnais que la notion de causalité elle-même demande à être assouplie et rectifiée.

En vérité, il n'y a jamais, pour un phénomène déterminé, une cause unique ; il n'y a jamais que des phénomènes qui se produisent en vertu d'un grand nombre de phénomènes précédents. La distinction entre l'antécédent inefficace et la cause productrice, qui était classique dans les cours de philosophie il y a une trentaine d'années, est certainement difficile à soutenir, tout antécédent participant plus ou moins à l'efficacité causale. Et il est bien difficile d'isoler, parmi les antécédents, celui qui est véritablement la cause de ceux qui ne sont que des concomitants.

Prenons un exemple très simple : l'ébullition de

l'eau. On a dit longtemps que la cause de l'ébullition
de l'eau est l'élévation de la température à 100°. Or,
on connaît des cas dans lesquels l'ébullition de l'eau
se produit à moins, d'autres dans lesquels elle se produit à plus de 100° ; en réalité, l'ébullition de l'eau
se produit lorsque s'établit un rapport déterminé
entre certaines températures et certaines pressions. La
température peut varier si la pression varie en sens
inverse, et réciproquement ; c'est le rapport lui-même
entre la température et la pression qui est la véritable
cause.

Ainsi, ce que je viens de vous dire ne porte pas
atteinte à la nécessité du principe de l'uniformité des
séquences, mais nous permet simplement de concevoir
les causes sous une forme un peu plus complexe
qu'autrefois. On rattachait autrefois un effet à sa
cause comme un chaînon au chaînon voisin ; les phénomènes semblaient former des séries unilinéaires
depuis leur origine jusqu'à l'heure actuelle. Il faut,
aujourd'hui, les concevoir comme reliés à leurs antécédents par des réseaux beaucoup plus compliqués.
Mais il n'y en a pas moins régularité dans la succession
de ces phénomènes. Au lieu de dire que tel phénomène en produit tel autre, il faut dire que tel ensemble de phénomènes produit tel autre ensemble de
phénomènes. En d'autres termes encore, pour se représenter la régularité des phénomènes, il ne suffit pas de
rattacher un phénomène à un autre phénomène placé
sur une même ligne ; il faut dresser le tableau des
abscisses et des coordonnées, et montrer que le phénomène étudié varie, non seulement en fonction de celui
qui est indiqué sur la ligne des abscisses, mais aussi en
fonction des variations qui se produisent sur la ligne
des coordonnées. Et encore faudrait-il concevoir une

construction bien plus compliquée, concevoir, non pas une ligne d'abscisses et une ligne de coordonnées, mais de multiples lignes d'abcisses et de multiples lignes de coordonnées.

Mais cet assouplissement du rapport causal, cette complication introduite par la science actuelle dans l'étude des phénomènes, ne suppriment pas ce qu'il y a d'essentiel dans le principe de causalité lui-même, à savoir la régularité des séquences.

Si le savant renonçait à ce principe lui-même, on peut dire qu'il renoncerait à la Science.

Je sais bien que, à l'heure actuelle, en vertu de découvertes récentes, on se demande si ce principe n'est pas en péril. Vous savez qu'un corollaire du principe de causalité, le principe de la conservation de l'énergie, semble contredit par certaines expériences sur le radium, où des pertes d'énergie sembleraient se produire d'une manière spontanée, si bien que des causes demeureraient sans effet et des effets sans cause. Mais je suis bien sûr qu'aucun savant digne de ce nom ne reste muet et bouche bée devant ce phénomène extraordinaire, et que les savants qui constatent l'apparente violation du principe de la conservation de l'énergie dans le cas du radium, sont troublés par ce mystère et espèrent bien un jour en découvrir la solution. Je suis persuadé que ce phénomène n'est pas pour eux un phénomène devant lequel on doive pour ainsi dire s'arrêter, mais qu'il est, au contraire, le commencement de recherches nombreuses dans les sciences physiques : nous sommes ainsi mis en présence d'un problème nouveau qui sollicitera la curiosité des chercheurs, tant qu'on n'aura pas trouvé une explication conforme au principe de causalité.

Vous pourriez encore être tentés de m'adresser une

objection en me disant : Vous appuyez la Morale sur
le principe de causalité, sur le principe de l'uniformité des séquences, qui est le principe du déterminisme scientifique. Or, le principe du déterminisme
scientifique paraît être aux antipodes de la Morale.
Il semble qu'il n'y ait pas de Morale sans libre arbi-
tre. Est-ce que, en appuyant la Morale sur le principe de causalité, vous ne lui enlevez pas ce que, avec
Kant, beaucoup considèrent comme son postulat, à
savoir l'existence de la liberté humaine ?

C'est là, en effet, une objection grave, mais il est
assez aisé de la résoudre, si l'on s'entend bien sur le
sens du mot liberté.

Si l'on considère la liberté humaine comme un pouvoir créateur absolu, comme le pouvoir de tirer de
l'énergie du néant, comme le pouvoir de changer les
lois de la nature et de faire de véritables miracles, il
est certain que la conception que je viens d'exposer,
et qui fait reposer la Morale sur le principe de causalité, sur le principe même du déterminisme scientifique, exclut une telle liberté. Mais je crois, justement,
que, pour fonder la Morale, il est non seulement
inutile, mais je dirais volontiers dangereux, de concevoir la liberté humaine comme étant ce pouvoir
absolu de création qui ferait de nous des divinités,
puisque seule peut créer, seule peut tirer quelque
chose de rien une puissance absolue.

Eh bien, je crois vraiment que cette conception est
moralement dangereuse, car elle exalterait l'orgueil
humain d'une façon véritablement hyperbolique, et
il n'est peut-être pas besoin d'exagérer l'orgueil
humain. Quoi qu'on pense à ce sujet, j'ajoute que cette
conception est inutile. On peut fonder l'obligation
morale, la responsabilité morale, sur une notion de la

liberté relative qui s'accorde parfaitement avec le déterminisme scientifique.

Pourquoi Kant pensait-il que la liberté est le postulat de la Morale ? Pour la raison suivante : Il disait : Si l'homme n'est pas libre, le sentiment que nous avons de l'obligation morale est inutile ou absurde. Nous avons le sentiment du devoir ; nous avons en nous-même une voix qui nous dit : « fais ceci ». Si nous sommes déterminés, et que nous fassions nécessairement ce que la conscience nous ordonne de faire, cet ordre est inutile : nous aurions accompli l'acte, en vertu d'une loi nécessaire, sans même que l'ordre fût intervenu.

Et si, recevant cet ordre, nous faisons nécessairement le contraire de ce qu'il impose, cet ordre, qui nous dit : « Fais ceci », alors que nous sommes condamnés à faire cela, n'est pas seulement inutile : il est absurde.

Donc, disait Kant, l'obligation suppose la liberté, car sans liberté, le sentiment de l'obligation, la conscience morale elle-même, n'a aucune signification. Mais cette théorie kantienne n'a de portée que si l'on entend, par déterminisme, un déterminisme purement physique, une sorte de fatalisme dans lequel les idées ne joueraient aucun rôle, dans lequel nous serions conduits par des forces brutales, sans que les faits qui se produisent à l'intérieur même de notre conscience eussent leur répercussion sur nos actes. Or, telle n'est pas du tout la conception du déterminisme complet, qui fait intervenir, parmi les causes de nos actes, nos idées et nos motifs conscients. Dans une telle doctrine, l'idée même du devoir à accomplir, l'apparition dans la conscience de cet ordre : « Fais ceci », est un phénomène qui n'est pas sans efficacité,

et dont dépend en partie l'action que nous accompli-
rons.

Dans un déterminisme ainsi compris, d'après lequel
les motifs et les mobiles conscients, ont leur force, l'argument de Kant tombe, et l'obligation morale a son
sens, car ce déterminisme s'accorde avec une liberté
relative. Cette liberté, c'est la résistance de la raison
aux mobiles physiques ou aux mobiles sensibles. Dire
que l'homme est libre, en ce sens, cela consiste à dire
simplement que l'être humain n'est pas un milieu vide
que traversent des forces extérieures sans qu'il les
modifie, que l'être humain est un milieu qui a lui-
même sa constitution et sa nature, sa force qu'il
oppose aux forces extérieures, que c'est un milieu dans
lequel les forces extérieures sont transformées et
déviées de leur sens primitif. L'être humain, c'est un
milieu qui possède une force de réaction. Cela suffit,
sans qu'il soit nécessaire de lui donner une force de
création, pour qu'il ait une liberté relative et pour
que le sentiment de l'obligation soit intelligible.

De même, dans la doctrine de Kant et dans d'autres
doctrines, on dit que la liberté est nécessaire pour
asseoir la responsabilité humaine: sans liberté, dit-on,
l'homme n'est pas véritablement l'auteur de ses actes,
et par suite, il est injuste qu'il en soit puni ou qu'il en
soit récompensé.

Remarquez, ici encore, que, pour qu'il y ait responsabilité véritable, il n'est pas nécessaire que l'homme
soit le créateur unique de ses actes, il suffit qu'il participe à leur production, qu'il en soit le co-auteur, c'est-
à-dire qu'en même temps que lui participent à leur
formation d'autres causes, qui peuvent être des causes
externes, physiques ou sociales. Il suffit qu'il y participe, qu'il ait cette puissance de réaction et de résis-

tance dont je parlais tout à l'heure, pour qu'il ait dans ses actes une part, et pour que, par conséquent, il puisse en être considéré comme responsable.

Je dirai aussi que si la doctrine de la liberté absolue, de la liberté de création, de cette liberté qui ncus permettrait de faire des miracles, était admise, on peut se demander s'il y aurait véritablement une responsabilité. Car si un homme pouvait accomplir un acte sans aucune espèce de cause et sans aucune espèce de raison, et l'instant suivant, accomplir un autre acte n'ayant, avec le premier, aucun lien, on pourrait se demander si l'on se trouverait en présence d'un homme on de plusieurs hommes. Ce seraient, en vérité, des êtres différents qui, sans aucun rapport les uns avec les autres, accompliraient des actions différentes. Et de quel droit pourrait-on accuser l'un de ces êtres d'un acte, alors que cet acte serait séparé de sa vie précédente par un abîme. Pour qu'il y ait responsabilité, il faut qu'il y ait une certaine stabilité dans l'être qu'on juge responsable, et cette stabilité n'existe véritablement que si la vie humaine n'est pas constituée par des actes n'ayant les uns avec les autres aucun lien, mais est constituée au contraire par des actes qui s'enchaînent suivant des causes rationnelles, conscientes ou inconscientes, et s'il y a, par conséquent, une espèce de déterminisme.

Vous le voyez, le tout est de s'entendre. La liberté absolue qu'ont réclamée certains philosophes pour fonder la Morale, est une liberté qui ferait de nous des êtres supérieurs à notre condition, à notre nature, car l'expérience nous révèle que notre puissance est limitée. Jamais aucune expérience ne nous a montré que nous étions capables de faire des miracles, de créer. Et la liberté qui suffit à la Morale, c'est la liberté entendue comme le pouvoir d'obéir à des motifs raisonnables, comme le pouvoir d'opposer à des causes externes, à des causes brutales, des causes réfléchies, des causes raisonnables. Cette liberté là suffit pour asseoir la Morale, et elle n'exclut pas l'application, dans le domaine moral, du principe de causalité.

Ainsi, l'on peut trouver à la Morale et à la Science un principe commun, qui est ce principe de causalité, principe qui fait partie essentielle de notre constitution intellectuelle. Et vous voyez comment, en recourant à ce principe, on donne à la morale un fondement solide.

On pouvait reprocher aux partisans de la Morale fondée sur la sociologie, une sorte de demi-scepticisme. On pouvait leur dire : Votre doctrine justifie tout ; elle justifie les mœurs les plus bizarres ; il suffit, pour que ces mœurs soient jugées bonnes, qu'elles soient imposées par la collectivité. Il suffit que les hommes qui appartiennent à une collectivité s'imaginent que ces mœurs sont nécessaires à la vie de cette collectivité ; il suffit, même s'ils ont perdu le souvenir des raisons pour lesquelles ces mœurs existent, qu'ils continuent à y obéir en croyant à leur valeur sociale pour qu'elles soient moralement justifiées. De quel droit irez-vous reprocher aux nègres d'être cannibales, s'ils ont considéré antérieurement le cannibalisme comme une condition nécessaire de l'existence de leur groupe, et si le souvenir de cette nécessité archaïque demeure à leurs yeux comme la condition même de la vie de leur groupe ? Vous voyez comment on peut accuser la doctrine sociologique d'une sorte de scepticisme moral.

On ne peut pas faire le même reproche à la doctrine que je viens de vous exposer, car le principe de causalité, qui nous sert de point d'appui, est un principe qui est commun à tous les hommes. Un être humain, c'est justement un être qui a une raison, si modeste soit-elle, *et qui applique le principe de causalité et le principe d'identité*, la plupart du temps sans le savoir, la plupart du temps d'une manière incorrecte, mais enfin qui les applique. On ne peut pas être homme sans posséder cette fonction intellectuelle qui consiste à dire que les choses sont ce qu'elles sont et suivent un ordre régulier. C'est là la définition même de l'homme. La Morale fondée sur ce principe a autant de valeur que l'esprit humain lui-même. Et vous voyez comment, possédant ce postulat, qui est le postulat de la Science, elle peut participer au crédit accordé à la Science par l'esprit humain, au crédit accordé par l'homme à la raison humaine. Vous voyez comment la Morale, s'appuyant sur un tel principe, n'a pas besoin d'autre fondement pour atteindre une véritable universalité.

Universalité qui s'accommode naturellement de beaucoup de variations. Je ne puis pas entreprendre en ce moment, à la fin de cette leçon, la liste de toutes les causes qui peuvent nous mener à l'erreur dans l'appréciation de la justice, dans l'appréciation de la valeur humaine, dans l'application de ce principe de causalité à nos actions. Ce sont cependant ces causes, en nombre infini, qui expliquent pourquoi la moralité n'est pas réalisée, pourquoi le vice existe, et pourquoi aussi la moralité peut apparaître sous des aspects différents à des hommes qui cependant s'inspirent au fond des mêmes principes. Mais l'essentiel, c'est que nous puissions faire nos efforts pour dissiper toutes ces erreurs, pour dissiper toutes ces causes qui, par l'erreur, entraînent l'injustice, et pour arriver à une application de plus en plus parfaite du principe de causalité dans l'ordre moral.

Mesdames et Messieurs, la doctrine que je viens de vous exposer est une doctrine austère et qui peut-être, à première vue, n'est pas de nature à susciter l'émotion ; or, on demande souvent à la Morale de s'adresser au cœur autant qu'à l'esprit. Mais ce que nous avions à faire aujourd'hui, ce n'était pas de chercher si la morale est séduisante ; c'était de rechercher si la morale est solide. La morale dont je viens de vous indiquer les principes est un monument de lignes sévères ; il lui manque peut-être certains ornements ; on ne peut pas dire qu'il lui manque un fondement. L'imagination pourrait lui surajouter quelques clochetons ; mais, à sa base, aucune pierre ne fait défaut. Si, d'ailleurs, il est de lignes sévères, il n'en a pas moins sa beauté ; il est digne de susciter les enthousiasmes. Notre doctrine est capable de faire vibrer tous les sentiments de l'âme humaine, de répondre à toutes ses aspirations. Car le nombre des injustices est infini, infini le nombre des erreurs morales. Dès lors, que de souffrances n'a-t-on pas à apaiser, que de torts à redresser, que d'efforts généreux à tenter, que de nobles joies à ressentir si l'on prend à cœur de faire régner en soi et autour de soi la justice !

LA NOTION DU BIEN ET LA NOTION DE VALEUR EN MORALE

Conférence de **M. PARODI**

Inspecteur Général de l'Instruction Publique

Une nouvelle terminologie et de nouveaux points de vue tendent à s'introduire dans l'enseignement de la morale, et l'apparition de la sociologie aux programmes de l'enseignement primaire en a été récemment un signe manifeste. Il faut reconnaître qu'on éprouvait une certaine lassitude de la prédication morale à l'ancienne mode, ou des discussions théoriques et abstraites sur la nature du bien ou sur les fondements de la moralité, on aspirait à quelque chose de plus concret et de plus positif, et je crois qu'on ne peut que se louer à cet égard des réformes récentes. Mais la question se pose pourtant des rapports entre l'ancienne conception de la morale et la nouvelle, et j'ai cru répondre à l'esprit de ces conférences en vous invitant à y réfléchir aujourd'hui avec moi : il importe de savoir nettement si ce sont d'autres problèmes qui se substituent aux anciens, et si ceux-ci sont définiti-

vement éliminés, ou bien s'ils gardent leur place et
leur légitimité. Je prendrai pour point d'appui dans
cette étude un livre récent et important, qui est
destiné à vous rendre les plus précieux services : les
Leçons de Sociologie sur l'Evolution des Valeurs, de
M. Bouglé. C'est en marge de l'ouvrage de M. Bouglé
que s'inscrivent les réflexions qui vont suivre.

I

La notion de *valeur*, que la philosophie de Nietzsche
a popularisée même hors du cercle des spécialistes,
joue peut-être le rôle central dans les spéculations
morales contemporaines. Qu'exprime-t-elle exactement ?

Il est clair à première vue qu'elle tient, dans notre
philosophie pratique, une place analogue à celle qu'y
tenaient autrefois les notions de bien et d'idéal. Si
vous feuilletez, par exemple, le volume de M. Bouglé,
vous y verrez étudiées successivement, à côté de la
valeur économique ou matérielle, des valeurs idéales :
valeurs scientifiques, morales, esthétiques, religieuses ;
et l'on en pourrait ajouter d'autres encore, dont
M. Bouglé ne s'occupe pas dans ce livre, les valeurs
juridiques par exemple, ou familiales, et civiques ; et
il est manifeste que ces différents chapitres correspondent aux chapitres des anciens traités de morale
consacrés aux devoirs de la vie économique, familiale
ou nationale ; aux normes relatives à l'intelligence, à
la sensibilité, à la volonté ; à la trinité classique du
Vrai, du Beau et du Bien. Sous des rubriques nouvelles, il est incontestable que nous retrouvons, plus

ou moins, la matière de toutes les anciennes *divisions* de la philosophie pratique. Mais elles sont abordées désormais dans un esprit différent.

Et d'abord, lorsqu'on dissertait autrefois sur le Beau, le Vrai ou le Bien, ou qu'on prétendait fonder nos différentes catégories de devoirs, on croyait établir ces diverses formes d'idéal ou ces règles diverses d'une manière dogmatique, universelle et comme éternelle : il s'agissait d'un idéal *ne varietur*, de biens ou de devoirs absolus. Lorsqu'on parle aujourd'hui de *valeur* au lieu de bien, il semble que l'on fasse passer la morale dans le plan du relatif : il est trop clair qu'il n'y a de valeurs que pour des hommes qui les jugent telles ; nous ne pouvons croire que des jugements d'existence, — cette table est rectangulaire, l'eau bout à 100°, la terre accomplit sa révolution sur elle-même en vingt-quatre heures, — soient indépendants de nous à quelque degré : mais un jugement de valeur est nécessairement relatif aux goûts ou aux besoins humains, et variable avec eux. Au lieu d'une construction pour l'éternité, il s'agit maintenant d'appréciations dépendantes de conditions humaines, qu'il convient de décrire, d'analyser, de comprendre.

Par là, de même que dans le plan du relatif, la valeur nous établit encore dans le plan du positif et du scientifique. Démontrer que la véracité ou la sincérité ou le dévouement, sont des vertus, c'était affirmer, en quelque sorte pour nous-mêmes et en notre nom propre, qu'il fallait y tendre et les réaliser; c'était parler en tant qu'hommes, en s'engageant, bon gré mal gré, tout entiers : ce n'était pas se placer au point de vue impartial du savant. Etudier au contraire des valeurs, c'est simplement constater, et pas nécessairement justifier. La morale en tant qu'étude des

valeurs peut apparaître comme une science parce
qu'elle porte sur des faits, psychologiques ou sociaux :
c'est un fait que, dans une société sauvage, telles inter-
dictions ou tels commandements sont en vigueur, que
tels objets sont tabous ; que, dans telle civilisation,
telles ou telles vertus ont eu une valeur plus ou moins
indiscutée ; que, dans notre société française contemporaine, la probité ou le patriotisme ont une valeur
morale à peu près unanimement reconnue : cela
n'implique nécessairement aucune approbation de
notre part, aucune affirmation personnelle d'un idéal.
Aussi bien, la notion de valeur n'a-t-elle pas été
empruntée à l'économie politique, la plus positive des
sciences pratiques ? Et là n'est-il pas incontestable
que des valeurs ou des prix peuvent être observés
objectivement, comme faits, indépendamment de nos
préférences personnelles ? Je puis constater que telle
pierre précieuse, que tel magot chinois ont une valeur
marchande considérable sans les désirer ou les admi-
rer pour mon propre compte. Nous restons placés ici
au point de vue de l'observation et de l'explication, au
point de vue de la science.

Mais comment ces deux caractères, — relativité à
des besoins et possibilité d'une constatation scientifique, — peuvent-ils coexister dans la notion de valeur,
alors qu'ils paraissent presque contradictoires, aussi
incompatibles que la subjectivité et l'objectivité ?
C'est grâce à un troisième caractère, essentiel à la
notion de valeur : la valeur est chose essentiellement
sociale, elle n'a de sens et d'existence que dans et pour
une société. Si elle est relative à des besoins et à des
tendances, c'est à des besoins ou à des tendances générales, communes plus ou moins à toute une collectivité
d'hommes ; et c'est par là qu'elle s'impose à l'individu,

lui apparaît comme limitant et bornant sa fantaisie ou ses goûts particuliers, et plus ou moins capable d'agir sur lui du dehors, comme un fait, d'une manière presque analogue à celle dont agissent sur lui les objets matériels ou les forces de la nature. Par opposition à mes préférences individuelles, les objets ou les actes qui ont de la valeur sont ceux qu'autour de moi et plus ou moins unanimement je vois estimés, prisés, appréciés, de telle façon que je ne puis me dispenser d'en tenir compte.

Caractères de relativité, de donnée scientifique, de force sociale, c'est par là que la notion de valeur se distingue des anciennes notions de bien ou d'idéal, qui se présentaient toujours à quelque degré comme absolues, purement rationnelles, et impersonnelles, c'est-à-dire, avec la nuance plutôt péjorative qu'on donne souvent à ce mot de nos jours, comme métaphysiques. Ce qui n'empêche pas, d'ailleurs, qu'elle ne soit destinée, en se substituant à elles, à jouer le même rôle : les valeurs nous fournissent les règles de nos sentiments, les normes de notre conduite. Et l'on ne saurait méconnaître que, de ce point de vue nouveau, les questions de la vie morale ne puissent sembler en quelque mesure renouvelées, plus concrètes, plus voisines des faits, plus chargées de signification historique et humaine, et qu'en comparaison l'ancienne manière de faire de la morale, froide et lointaine et inefficace sous ses prétentions à nous régenter, n'apparaisse dogmatique, abstraite et vide. Loin d'abstraire, sous prétexte de les purifier, les règles pratiques de tout le milieu mouvant et complexe de la vie collective où elles ont germé et d'où elles tirent leur force, il faudra donc désormais les y plonger hardiment, ne jamais les séparer de l'histoire, de la géographie, de

la science sociale, de l'évolution contemporaine, et je
suis bien persuadé que l'esprit nouveau qui, depuis
un quart de siècle, s'est formé chez nous dans l'école
d'Emile Durkheim est vivi fiant, fécond et bienfaisant.
Mais est-ce à dire qu'il ait dissipé, comme de vains
brouillards, les anciennes notions et les anciens problèmes, et que la considération des valeurs se suffise
à elle-même ? Il importe d'y regarder de près avant de
l'affirmer.

II

Il n'y a de valeur que relativement à des besoins,
disions-nous. Tout objet, tout acte qui répond à une
tendance a une valeur, a du prix pour l'homme, à
moins qu'il ne soit tellement abondant autour de nous
ou tellement facile qu'il exclue de notre part l'effort
conscient et la pensée même de la recherche. Cette
valeur, d'ailleurs peut être ou directe ou indirecte, se
présenter comme une fin par elle-même, tels un aliment, un parfum agréable, une forme gracieuse, ou
bien comme moyen en vue d'une fin : tels un instrument de travail ou de plaisir, et l'instrument par excellence, le moyen universel dans nos sociétés, la monnaie,
l'argent. Il est clair, après cela, qu'en vertu de la loi du
transfert et de l'association des éléments psychiques,
le moyen lui-même peut acquérir à la longue le caractère d'une fin directe et immédiate :ainsi la possession
de l'or pour l'avare, les émotions de la chasse, ou le
plaisir de la vitesse pour l'automobiliste. — Mais
remarquons d'abord que, au moins dans leur racine
psychologique comme dans l'étymologie des mots qui

les expriment, les idées traditionnelles de bien et de mal ne restaient pas aussi étrangères qu'on le prétend à ces données psychologiques : une odeur, un mets sont réputés bons ou mauvais ; quelque conception finale que l'on adoptât en morale, toujours en un sens et à quelque degré le plaisir, l'utile, le bonheur devaient être réputés bons, et la douleur relevait de la catégorie du mal ; si spiritualisés d'autre part que fussent le souverain bien des philosophes ou la sainteté des mystiques, ils gardaient toujours quelque attache avec la sensibilité, avec la notion d'une conscience vivante. Les notions du bien et du mal de l'antique philosophie morale n'étaient donc pas si purement abstraites et rationnelles qu'elles eussent vraiment cessé de se référer à la nature humaine. Elles admettaient toujours, d'autre part, des particularisations qui dépendaient des circonstances concrètes de temps et de lieu : on croyait seulement que ces applications devaient pouvoir se déduire des principes immuables de la conscience, se rattacher à une morale éternelle : de là le rôle de la parénétique chez les Stoïciens, de la casuistique chez les docteurs chrétiens, de la morale dite pratique à côté de la morale théorique.

Inversement, lorsqu'on prend les valeurs, au sens contemporain du mot, comme les coefficients de désidérabilité, si l'on peut dire, qu'affectent aux objets ou aux actes les besoins ou les tendances humaines, on ne supprime pas pour autant la question de savoir si ces tendances et ces besoins sont tous au même degré variables et divers, ou s'il n'en est pas de généraux et de constants : de sorte que quelques-uns définiraient si l'on veut les modes morales du moment, d'autres la sensibilité morale d'une nation entière, d'une époque, d'une civilisation ; d'autres encore, la nature humaine elle-même dans son fonds permanent et essentiel. Ces valeurs fondamentales fourniraient dès lors l'équivalent de ce qu'on appelait autrefois les diverses formes ou expressions de l'idéal, et les problèmes traditionnels et inévitables reparaîtraient à leur propos : Quelles sont-elles ? Comportent-elles, ou non, une réduction à l'unité ? Peuvent-elles s'harmoniser entre elles et fournir une direction finale à la conduite ? Il y a plus : pour y répondre, il importe de savoir si tout, dans les valeurs, s'explique vraiment par les conditions variables du milieu, si tout en est d'essence sociale, ou bien s'il ne s'y découvre pas un résidu irréductible à la sociologie, qui conditionnerait les phénomènes sociaux, loin d'en dériver, et exprimeraient proprement l'essence de l'humanité : n'y a-t-il pas une nature humaine, une raison, aussi variables que l'on voudra dans leurs manifestations, leurs formes ou leur évolution, unies pourtant dans leurs sources ou leurs directions primitives ? et tout le problème de l'innéisme ou de l'empirisme renaît ici. Dans le livre de M. Bouglé, au terme de chaque chapitre, vous verrez reparaître, comme un *leit-motiv,* cette question : si les valeurs économiques sont en une large mesure des valeurs d'opinion, c'est-à-dire sociales en cette mesure ne répondent-elles pas aussi, plus profondément, aux besoins de la vie animale, c'est-à-dire à la nature physiologique de l'homme ? La science, si elle subit le contre-coup des traditions, des écoles, des conventions, toutes choses plus ou moins dépendantes de la société, ne se fonde-t-elle pas pourtant, pour peu que l'on pousse l'analyse, sur des exigences de compatibilité logique et d'intelligibilité qui définissent proprement la raison ? Et l'esthétique, et la morale, et la religion, de même, n'ont-elles pas leur source dans certaines constances psychologiques, qu'il est plus ou moins difficile d'abstraire de leur changeante enveloppe sociale, mais qui sont humaines, et plus primitivement encore peut-être, animales et vitales ? Et que dire de l'instinct de sociabilité lui-même ? Ne serait-il pas proprement contradictoire d'en chercher une explication exhaustive dans le fait seul de la vie en société ? et, après cela, entre les besoins d'ordre physiologique et les besoins d'ordre spirituel, y a-t-il une origine commune ? ou bien une harmonie synthétique et finale, soit spontanée, soit possible ou nécessaire ? Ainsi, du sein même de la philosophie des valeurs, en même temps que les autres problèmes classiques de la morale, reparaît celui même du Souverain Bien.

D'autre part, la valeur nous est apparue comme une notion plus scientifique que les anciennes notions morales. Mais pourtant qui dit valeur dit moins caractère désirable d'un objet ou d'un acte considéré en lui-même et à part qu'ordre de préférence, jugement d'appréciation et, si l'on ose dire, de « préférabilité ». Toute valeur résulte d'une comparaison, soit des divers objets ou actes propres à satisfaire une même tendance, soit des objets ou actes satisfaisant à des tendances diverses, entre lesquels il faut choisir. Le problème essentiel à propos des valeurs est donc toujours, soit du point de vue historique, soit, plus encore, du point de vue pratique, d'établir une table des valeurs, une hiérarchie des valeurs. Les conceptions diverses de la vie qui caractérisent les diverses civilisations ou les divers courants qui s'opposent au sein d'une même civilisation, consistent bien moins en des apparitions de valeurs inédites qu'en une estimation différente des

mêmes valeurs matérielles ou morales, qu'en un changement dans la valeur des valeurs. Ce qui importe
donc, c'est de savoir, à chaque moment, ce qu'il faut
préférer ou subordonner. Or, c'est cela même qui varie
le plus. On pourrait dire sans jeu de mot, mais au contraire pour mettre en relief une analogie importante,
qu'il y a une sorte de bourse des valeurs idéales comme
des valeurs bancaires, hausse et baisse, plus ou moins
marquée, mais incessante, des estimations et des préférences. Pour prendre un exemple ailleurs qu'en
morale, dans l'esthétique si l'on veut, n'est-il pas manifeste qu'il y a des modifications continuelles, tantôt
une évolution ascendante ou décroissante, tantôt une
fluctuation et comme un rythme, des réputations artis-
tiques et des jugements littéraires : faut-il rappeler
les variations du goût au sujet des cathédrales gothi-
ques, tant de très hautes réputations qui semblent
avoir sombré définitivement : Voltaire, comme poète
épique ou tragique ; l'abbé Delille, Béranger ; parfois
des réhabilitations imprévues : Ronsard ; ou encore
ces oscillations, ces alternances de faveur ou d'indifférence, par exemple à propos de l'éternelle comparaison entre Corneille et Racine, entre les Classiques
et les Romantiques, à propos de Rousseau, de Hugo,
etc. Il en va de même en morale. La guerre, par
exemple, a constitué comme un brusque changement de signe des valeurs morales : n'avons-nous pas
vu le jugement sur les mêmes actes interverti selon
qu'il s'agissait d'amis ou d'ennemis ; quelques-uns
prétendant ériger en devoir ce qui, normalement, est
comme la racine même du mal, la haine ; et la mentalité de guerre conçue comme devant persister, selon
les circonstances, au-delà même des hostilités effec-
tives ? C'est ainsi qu'au cours de l'histoire, nous voyons

sans cesse perdre ou gagner d'importance tantôt les
vertus guerrières et tantôt les vertus pacifiques ; l'humilité chrétienne et l'orgueil stoïque ; la résignation
et le sentiment du droit ; l'individualisme et la discipline sociale, l'amour de l'égalité et le respect de l'autorité, etc. Et presque jamais il ne s'agit de vertus nouvelles qui se définissent, ou des vertus anciennes qui
disparaissent : le changement réside toujours dans la
mesure respective des valeurs morales, dans l'ordre des
préférences. Or, plus on montrera cette relativité des
valeurs, moins il apparaîtra qu'on puisse se contenter
d'en suivre les cours simplement en historien ou en
statisticien. La science sociale ne nous montre, à
aucune époque, mais à notre époque moins qu'à toute
autre, une table de valeurs nettement fixée et universellement acceptée ; elle nous révèle de perpétuelles
oscillations et des conflits entre valeurs toujours en
train de se contredire, de se heurter, de se transformer,
d'évoluer, et qui se disputent les adhésions individuelles. Dès lors, si l'histoire ou la statistique nous
renseigne, elle ne nous fournit pas de moyen ni de
raison de nous décider. Toute conduite volontaire et
réfléchie est un choix raisonné entre valeurs. Le point
de vue de la science apparaît donc ici, quoi qu'on
fasse, différent de celui de l'action, de celui de la
morale et l'on ne saurait s'en contenter.

Par là, le dernier caractère de la notion de valeur,
son caractère social, trouve à son tour ses limites.
Comment s'opèrent ces variations dans l'échelle
des valeurs ? Sans doute, des changements que personne n'a voulus dans les conditions du milieu,
spécialement dans les conditions sociales, les rendent possibles ou les favorisent : mais ce sont pourtant des individus qui toujours en sont au moins

les instruments, sans doute aussi à quelque degré les initiateurs et les promoteurs. Admettons même un instant, avec M. Lévy-Bruhl, qu'il n'y ait pas d'autre morale théorique que la science des mœurs, et que l'œuvre de celle-ci soit spéculative, historique et explicative, nullement pratique : il faut bien qu'à un moment donné nous passions du plan de la spéculation à celui de l'action. Comment agira, en effet, l'homme qui a l'illusion de se conduire ? Ou bien sous la poussée de ses instincts et de ses sentiment du moment, qu'il n'essaiera pas de se justifier en tant qu'il y obéit : c'est alors, au vrai, impulsivité pure et simple, et le problème moral, en tant que problème pratique, ne se pose plus. Agira-t-il par pur et simple conformisme social ? C'est encore servitude, abdication, renonciation moutonnière à se conduire. Mais le conformisme se donne à l'ordinaire pour autre chose que ce qu'il est : « Cela se fait », implique d'ordinaire la conviction qu'il y a des raisons pour que cela se fasse ; et même le traditionnaliste systématique, le théoricien des préjugés nécessaires, est au moins convaincu qu'il y a des raisons pour qu'on ne cherche pas de raisons à toutes les normes de la conduite. — Ou bien on croira aux lumières de l'intuition : mais inévitablement une sourde et plus ou moins expresse élaboration rationnelle prépare et conditionne la finale illumination, la révélation intérieure : témoin toute cette méthodologie de l'expérience morale chez Rauh, qui seule peut dégager et mettre en valeur nos invincibles répugnances morales ou nos décisives préférences ; pas d'homme de bien qui n'ait à se demander, sincèrement et en conscience, ce qu'il ne peut pas vouloir vraiment, et ce qu'il ne peut pas ne pas vouloir. — Ou bien enfin, on aura la persuasion, peut-être illusoire, d'agir en connaissance de cause et en sachant clairement ce qu'on fait. — De toute façon, il ne suffit donc pas de parler de valeurs ou lieu de parler de bien ou d'idéal pour supprimer les inévitables délibérations et l'effort de justification de nos choix à nos propres yeux.

Or, dès que l'on reconnaît qu'il est nécessaire de faire sa part à la délibération, qu'il y a une réaction consciente de l'individu sur ses actes et sur ses règles d'action, on doit reconnaître aussi ce résultat paradoxal : c'est que, réintroduire l'effort de l'individu humain dans le jugement moral, c'est y introduire du même coup, par delà le relativisme purement social, une préoccupation, une prétention d'objectivité. Si l'homme commence à se demander comment se justifient les règles en vigueur autour de lui, à chercher des raisons de choisir entre les diverses valeurs que la société lui propose, c'est, plus ou moins expressément, sa raison qui va prétendre à le guider, et la raison se prend pour impersonnelle et objective ; elle cherchera, au-delà des règles qui ne sont que des règles, une correspondance qui les fonde entre la vérité morale et la nature humaine en général, ou bien entre elle et la nature des choses, et l'ordre du monde ; ou encore, elle se référera à l'idéal de la justice et du bien, ou, ce qui n'est qu'un autre nom de la même idée, à la volonté de Dieu. L'homme cherche donc, inévitablement, à agir d'une manière qui le satisfasse en tant qu'être raisonnable ; il cherche à se satisfaire lui-même, à se rendre raison à lui-même de ses actes ; c'est-à-dire qu'il est virtuellement, même s'il ne s'en rend pas compte, dans une attitude de libération, sinon de révolte, à l'égard du préjugé, de l'idée toute faite, de l'opinion brute, du simple conformisme social. Et ainsi, par delà les simples normes sociales constatées comme de purs faits psychologiques, par delà les simples appréciations sur la valeur dictées par le milieu, nous retrouvons la recherche de ce qui est *bien* en soi, en vérité, absolument. Une fois de plus, la morale proprement dite renaît de ses cendres.

III

Montrer ainsi que les problèmes anciens se posent encore, ce n'est pourtant pas établir qu'ils comportent une solution, ni même qu'ils se posent légitimement : nous pourrions nous trouver en présence d'une illusion persistante, d'une sorte d'inévitable hallucination de la conscience pratique. Lorsque l'homme croit pouvoir ainsi réclamer à la lumière de la raison dont il se prétend l'interprète, une sorte de vérité morale, analogue à la vérité scientifique, quoique sans doute irréductible à elle, quel critère a-t-il pour se guider dans ses démarches ? La réponse à une telle question suppose à vrai dire toute une philosophie ; mais peut-être n'est-il pas impossible d'essayer de décrire et de définir l'attitude de la raison morale.

Pourtant, il importe tout d'abord d'éviter une équivoque : nous ne croyons pas, pour notre part, à la possibilité de déduire directement de n'importe quel principe moral universel et abstrait le détail de nos règles de conduite. Nous accordons qu'il faut partir du fait social des valeurs reconnues dans un pays et en un temps donné, quitte à les comparer entre elles, et à tenter de se faire une opinion personnelle sur la mesure dans laquelle il convient de les accepter, ou de les préférer les unes aux autres, ou, pour résoudre leurs conflits, de les infléchir et de les tempérer mutuellement. La théorie des valeurs restera désormais sans doute la base reconnue et avouée, et non plus seulement dissimulée ou inconsciente, de tous nos jugements moraux. Mais une réaction de la conscience individuelle sur l'appréciation de ces valeurs est incontestable également. Il s'agit de savoir selon quelles formes elle s'exerce, avec quelles garanties et dans quel sens.

Les premières de ces garanties peuvent être dites formelles ; elles résultent de l'attitude même que l'honnête homme doit prendre lorsqu'il examine les raisons de faire ou de ne pas faire l'acte à propos duquel il délibère. Rauh, dans son livre l'*Expérience Morale* ; M. Belot, dans ses *Etudes de Morale Positive* ; M. Lalande, M. Lapie, nous-même, y avons souvent insisté : l'honnête homme qui délibère prend une attitude foncièrement analogue à celle du savant qui veut découvrir la vérité : il fait un effort de désintéressement et d'impartialité, prétend faire taire en lui les suggestions de l'intérêt ou de la passion, examiner, comme le juge sur son tribunal, avec équité et sang-froid, les raisons entre lesquelles il doit prononcer. Et il tend par là même à une sorte d'impersonnalité : sa sentence doit pouvoir s'appuyer sur des considérants de valeur plus ou moins générale, c'est-à-dire qui ne valent pas seulement pour lui en tant qu'individu, mais qui gardent leur sens et leur force pour tout être raisonnable qui voudrait les comprendre et ferait, de son côté, le même effort d'équité intellectuelle : « Il ne faut pas avoir deux poids et deux mesures ». Ainsi, le critérium de la vérité, en morale comme en science, est bien, si l'on veut, de pouvoir réaliser l'accord des esprits, et M. Lalande a raison d'y insister ; il a bien ainsi une sorte de caractère, ou d'apparence sociale. Mais pourtant il ne s'agit pas d'un accord de fait, réalisé effectivement et au préalable par l'acquiescement, sinon de l'unanimité, au moins de la majorité des individus consultés : il s'agit d'un accord virtuel et de droit, d'une aptitude de ce qui est vrai à persuader, à se propager de conscience en conscience, à gagner des adhésions en nombre indéfiniment croissant ; d'une propriété de communicabilité universelle ; d'une aptitude encore à s'exprimer en termes ou formules ayant le même sens pour tous. Ajoutez qu'il y a à tenir compte ici, comme Rauh l'avait bien vu, des compétences : les suffrages se pèsent plutôt qu'ils ne se comptent. Sans doute, l'homme isolé n'étant qu'une chimère, il n'y a bien de vérité et de raison que dans une société d'esprits : mais la communion sociale est ici la conséquence et si l'on veut le signe de la vérité, elle n'en saurait être le fondement.

Mais la vérité morale n'admet-elle pas d'autres critères encore, que l'on puisse chercher dans le contenu même des jugements moraux ? Il en est un évidemment, qui la rapproche ici encore de la vérité spéculative ou scientifique : c'est l'accord réciproque de ces jugements, et par conséquent la paix intérieure, la satisfaction rationnelle qui en résulte pour nous. Cet accord résultera d'abord du fait de juger toujours de même dans des circonstances à peu près semblables ; de dégager, des contingences sans cesse variables de la vie, certains types d'actes, que nous puissions approuver ou condamner dans leur détermination abstraite et générale. Et il dépend ensuite de la possibilité de ramener nos règles morales particulières à des principes plus ou moins universels. De même que

le propre de la loi est d'être une règle générale s'appliquant à toute une catégorie de cas ; de même que la
jurisprudence tend à faire triompher une interprétation uniforme, et qu'il y aurait scandale logique à ce
que les mêmes litiges reçussent à chaque fois des
solutions différentes ; de même, dans nos jugements
moraux personnels, à propos de nos propres actions
ou de celles de nos semblables, se révèle une sorte
de logique morale, une exigence de généralité et de
constance dont Kant, le premier, a reconnu toute
l'importance, et qui n'est qu'un autre nom à la fois du
bon sens et de l'équité.

Peut-on aller plus loin ? L'homme dans ses actes
poursuit diverses fins, sources des diverses valeurs
expression des tendances diverses de sa nature.
Qu'il juge équitablement et avec un minimum de
généralité ses actes et ceux des autres ; qu'il puisse
aussi reconnaître intelligemment quels sont les moyens
les plus sûrs ou les plus économiques pour atteindre
ses fins une fois données, cela ne suffit pas, à beaucoup
près, pour rendre sa conduite rationnelle dans son
ensemble, si ses fins restent divergentes entre elles,
irréductibles l'une à l'autre, et s'il ne dispose d'aucun
critérium pour établir entre elles une hiérarchie
justifiable. Or, qu'y a-t-il de rationnel dans une fin,
c'est-à-dire au fond, dans une volonté, un désir, une
tendance ? Il est raisonnable de manger si l'on a faim,
il est raisonnable aussi de prendre parfois sur sa
nourriture, par hygiène, dans tel but philanthropique
ou par scrupule religieux : l'on peut rendre ainsi
intelligible le rapport du moyen à la fin, mais les fins
elles-mêmes ne semblent-elles pas devoir être posées
comme de pures données préalables à toutes applications de la raison à la conduite ? Et l'on répète

volontiers qu'il n'y a pas de « science des fins », —
sous réserve de l'étude historique ou sociologique de
leurs conditions d'apparition. Ne revenons-nous pas
dès lors à la pure notion du relativisme moral, telle
que la philosophie des valeurs nous avait semblé
d'abord la favoriser ?

Or, il est bien évident que les fins essentielles entre
lesquelles nous pouvons hésiter supposent donné
l'homme, avec sa nature propre d'être vivant, sentant
et pensant. La question n'aurait vraiment pas de sens,
si on l'entendait comme la question de savoir s'il est
raisonnable qu'il éprouve le besoin de manger, de
dormir, se se reproduire, etc. : de tels problèmes, s'ils
signifient quelque chose, seraient tout au plus du
ressort de la physiologie ou de la biologie générale.
Mais la question est seulement de savoir si, la nature
humaine étant donnée dans sa généralité, il est possible
de constituer rationnellement un système de ses fins
naturelles et de les harmoniser. Or, toutes les conceptions morales qui jalonnent l'histoire de notre évolution spirituelle ont proposé des systèmes de ce genre ;
aucun sans doute n'a traversé les siècles sans être
ébranlé : mais il n'en pouvait être autrement, si l'on
admet que l'humanité se développe, se réalise et se
conquiert peu à peu elle-même, s'il y a une évolution
et un progrès moral ; il suffit qu'une direction constante et elle-même intelligible puisse être discernée
dans cette évolution même. Faut-il croire que cet effort
des moralistes de tous les temps à constituer le système
harmonique des fins humaines soit en réalité proprement contradictoire et absurde ?

Ceux mêmes qui le soutiennent aujourd'hui éprou-
vent le besoin de faire, aussitôt après, des réserves.
Ainsi M. Belot, avec une ingéniosité dialectique qui

traduit quelque chose de beaucoup plus profond
encore, fait une place à part, parmi les fins morales, à
la notion d'utilité sociale. Si l'on ne peut pas démontrer rationnellement les fins de la conduite, pour lui
la nécessité de la fin sociale peut pourtant être démontrée en quelque façon, en tant que la société est le
moyen commun de toutes les autres fins : comme
l'homme est par nature un être social, que l'isoler, c'est
le réduire à l'impuissance absolue, cette conséquence
en résulte avec évidence que, quoi qu'il se propose et
quoi qu'il veuille, il doit d'abord vouloir la société
comme condition préalable et instrument nécessaire
de son action. Mais je me demande si ce mode d'argumentation, si séduisant et si suggestif, ne peut pas
s'appliquer à d'autres fins encore, et peut-être à toutes
les fins essentielles de l'humanité. Car, si la société est
bien un moyen commun à toute poursuite d'un bien
quelconque, n'en pourrait-on pas dire autant de l'intelligence ou de la raison, par exemple, puisque, quoi
que je veuille, il me faut vouloir d'abord l'instrument
même qui me permet de discerner et ma fin et les
moyens qu'elle suppose, qui me guide pendant l'action
et constitue ma lumière et mon recours suprême. Et
je ne puis pas ne pas vouloir également, sous peine
d'absurdité, la force même de mon vouloir et le
courage sans lequel il n'est ni effort soutenu, ni exécu-
tion concevable d'un dessein quelconque. Et je ne puis
pas raisonnablement ne pas vouloir encore, au moins
en quelque mesure, ma santé même et mon corps,
c'est-à-dire l'intégrité même de tous mes moyens
d'action et de recherche ; et encore, ma vie même,
plus primitivement et nécessairement encore impli-
quée dans tous mes désirs et mes actes. Ainsi, la
méthode de démonstration de M. Belot, qui me paraît

excellente, me paraît aussi permettre d'aller beaucoup plus loin qu'il ne va lui-même. Aussi bien, c'est par une argumentation analogue, quoique d'un autre point de vue, que l'ancienne morale métaphysique, de Platon à Saint-Thomas, s'efforçait de montrer que, dans tous les désirs ou les biens partiels que l'homme conçoit, c'est au fond le souverain bien, harmonie suprême, perfection et bonheur à la fois, qu'il veut inévitablement. Et c'est ainsi encore que la sociologie, comme M. Bouglé y insiste si heureusement dans son dernier livre, nous découvre une conjonction, une implication et un entrecroisement de nos diverses fins : quelle que soit celle que l'on pose, à un moment donné, comme terme ultime, les autres y apparaissent plus ou moins liées, comme moyens. Peut-être enfin retrouve-t-on là, sous des formes modernes, l'ancienne idée de l'unité de la vertu, ce paradoxe stoïcien qui est en même temps, si l'on y réfléchit bien, une sorte d'axiome moral : au fond, il y a quelque chose que l'homme ne peut pas ne pas concevoir comme le digne objet de sa volonté, comme un bien, quelque forme spéciale et variable qu'il lui donne, et c'est le développement idéal de la personne humaine, c'est d'être le plus homme qu'il peut, et, indissolublement, en tant qu'il ne peut se concevoir hors d'une société d'hommes, d'élever autour de lui, autant qu'il le peut, le niveau humain.

Peut-être, de ce point de vue, semblera-t-il moins étrange qu'il ne pouvait le sembler d'abord de prétendre établir la rationalité de nos fins essentielles ; peut-être est-il possible de démontrer que si, lorsqu'on se laisse aller à les poursuivre séparément, sous l'impulsion aveugle des passions, elles semblent diverger et s'opposer l'une à l'autre, c'est alors pour se détruire et se ruiner elles-mêmes ; mais que l'idée d'une satisfaction raisonnée de chacune d'elles appelle la considération et la satisfaction des autres. Selon la vieille image platonicienne, les chevaux du char ont besoin d'être maintenus et conduits par le cocher, mais, sous la direction de la raison, l'attelage tout entier peut fournir sa carrière et atteindre heureusement son but ; ou encore, toute vertu est équilibre, harmonie et justice, c'est-à-dire raison. Dès lors, entre ces diverses fins que la nature humaine enveloppe — santé physique et épanouissement corporel ; discipline de la volonté et énergie morale ; lucidité et sûreté de l'intelligence ; communion avec autrui pour une exaltation commune et du groupe et de ses membres ; extension et affinement croissant de sa conscience de vivre et élargissement aussi de son champ d'action, de pensée et de sensibilité, par une adaptation de plus en plus parfaite de son milieu, — il est clair qu'une hiérarchie s'établit presque aisément, selon que ces diverses fins peuvent être plus sûrement poursuivies sans susciter avec d'autres ou avec elles-mêmes de conflits, de désaccords ou de contradiction intime : la direction suprême restant d'ailleurs à la faculté qui seule peut attribuer à toutes les autres leur valeur : c'est à savoir la pensée, ou la raison. « Travaillons donc à bien penser »...

IV

Ainsi, et pour conclure, si l'étude sociologique des valeurs est bien propre à renouveler et à vivifier l'analyse des problèmes moraux, en montrant les rapports qu'ils soutiennent avec les conditions variables des temps et des lieux ; bien propre à en faire voir

aussi les relations, les implications, les consécutions
infiniment complexes et diverses ; — elle n'exclut pas
pour autant les vieux problèmes de la morale de tous
les temps, le problème du devoir et du bien ; elle ne
ruine pas, à la bien prendre, la possibilité d'un
élément de constance dans la nature humaine et ses
fins nécessaires ; de permanence dans la direction où
elles évoluent ; d'unité et d'harmonie, dans le système
qu'elles tendent à constituer : harmonie changeante,
équilibre instable, sans cesse compromis par les modifications du dehors comme par son sentiment intime
d'incomplétude et d'inquiétude, mais sans cesse rétabli
aussi, plus cohérent, plus compréhensif et plus large,
par un nouvel effort de raison. La raison reste ainsi
à la racine de l'activité morale comme de l'activité
scientifique, une et semblable à elle-même dans son
orientation et ses exigences profondes, qui sont des
exigences d'unité, de cohérence et d'harmonie. — Un
système un et cohérent des causes, c'est l'idéal d'une
conception scientifique du monde : qu'elle n'y puisse
jamais atteindre, il n'importe ; la science aspire au
moins à faire le monde physique un pour l'esprit. Un
système un et cohérent des fins, tel est l'idéal d'une
conception intelligible de la conduite : le monde
moral un pour la volonté, si peu qu'elle y parvienne,
tel est le devoir suprême.

Mais cette unité du monde moral, idéal sans cesse
renaissant et ressort du progrès humain, ne peut se
réaliser que dans le monde physique et grâce à la
connaissance de moins en moins incomplète que nous
en acquérons : ainsi les deux œuvres de la raison, dans
son domaine spéculatif et dans son domaine pratique
à la fois, se rejoignent et se limitent l'une l'autre. Mais,
en édifiant le système du monde physique, l'effort de

la raison est déterminé du dehors ; lorsqu'il s'essaye à établir le système des fins morales, l'esprit prend mieux conscience de sa liberté, puisqu'il s'agit pour lui de concevoir et de vouloir, et dès lors de réaliser un peu mieux, une organisation de ses actes ou ses relations avec les autres hommes qu'il puisse comprendre, dont il voie les raisons et sente l'harmonie, c'est-à-dire en somme qui soit dominée par une idée. Si la conception la plus profonde que l'on puisse se faire de la finalité est celle d'un système plus ou moins complexe où l'idée du tout domine celle des parties, de telle sorte que ce système ait en lui-même ses raisons de subsister et de durer ; l'idée dernière de la morale sera celle d'une organisation de nos fins diverses et de nos actes, individuels et collectifs, et en même temps d'une adaptation du monde extérieur à nous, assez exactes, justes et harmonieuses pour qu'elles aient en elles-mêmes des raisons d'être maintenues et approuvées, et de se perfectionner encore ; pour qu'il leur soit toujours plus raisonnable de s'accepter elles-mêmes, d'acquiescer à soi et de se vouloir dans leur progrès indéfini.

Et peut-être la métaphysique ouvre-t-elle ici des horizons plus vastes encore : peut-être ce grand effort d'harmonie spirituelle, dans et par la raison, commence-t-il avant l'humanité et l'histoire proprement dite. Si l'on admettait qu'il correspond à quelque chose hors de nous et antérieur à nous, à une sorte d'aspiration vers l'esprit du monde matériel lui-même et qu'il ne soit pas étranger au principe même de l'évolution universelle, il apparaîtrait que science et morale, unifiées en leur source, se confondent en outre avec la source de la foi et de la pensée religieuses, prises en leur sens le plus large et le plus profond.

L'IDÉE DE JUSTICE

DANS

L'ENSEIGNEMENT DE LA MORALE

Conférence de **M. MELINAND** (1)

Professeur à l'Ecole Normale Supérieure

de Saint-Cloud

Je commence, Mesdames et Messieurs, par m'excuser d'être à cette place. Jamais je n'aurais trouvé tout seul que je pouvais avoir quelque chose à vous apprendre, et c'est. à la prière irrésistible de notre Directeur que je me suis rendu. Je vous avouerai d'ailleurs, tout à fait entre nous, qu'il y a une raison très forte, qui m'a aidé à accepter, c'est l'idée que j'allais me retrouver avec quelques uns d'entre vous, qui ont été mes élèves, et avec qui j'allais reprendre l'ancienne collaboration. Mais j'avoue que j'aurais, et de beaucoup, préféré être ici comme vous y êtes, et me trouver tout simplement au milieu de vous.

(1) Conférence recueillie sténographiquement.

Ne croyez pas cependant que c'est une leçon qu'il faut attendre de moi. Comme je viens de vous le dire, des liens d'amitié m'unissent à beaucoup d'entre vous, et c'est en ami que je voudrais vous parler, beaucoup plus qu'en professeur. Je fais votre métier ; j'ai une expérience personnelle, comme chacun et chacune de vous. Ce qui, à mon avis, est surtout intéressant, c'est que nous puissions mettre cette expérience en commun.

En réfléchissant à la façon dont je pouvais vous être utile, j'ai trouvé celle-ci : Je vais, tout simplement, vous dire ce qui m'est arrivé, à moi, dans l'enseignement de la morale, uniquement à titre d'exemple. Et alors, confrontant cette expérience avec celle de chacun et de chacune de vous, peut-être pourrez vous en retirer quelque chose. C'est une chance à courir, mais je la cours, et c'est dans ce seul espoir que j'ai accepté de me trouver de ce côté-ci de la barricade.

Je vais donc simplement résumer une expérience qui, encore une fois, n'a pas d'autre titre que d'être celle de l'un d'entre vous.

I

Si vous le voulez bien, nous allons commencer par une observation que certainement beaucoup d'entre vous ont faite, et que j'ai faite moi-même très souvent, par exemple dans les grands concours de notre enseignement primaire, à l'entrée de Saint-Cloud, à l'entrée de Fontenay pendant un certain temps, également d'ailleurs dans les baccalauréats, — puisqu'aussi bien ce que je vais dire vaut autant pour l'enseignement secondaire que pour le primaire, et que c'est en somme une vision sur la morale universitaire que nous allons dégager.

(Si je ne vous disais que des choses que vous ayez tous pensées et si pas un mot de ce que je vais vous dire ne vous paraissait original, j'en serais ravi, car, en morale, c'est ce qui est sûr, et non pas ce qui est nouveau ou distingué, qui importe.)

Donc, dans tous ces concours, on s'aperçoit que nos élèves ont dans l'esprit une idée très nette, qui provient évidemment de ce que leur avons dit. Cette idée est qu'il y a une multiplicité de morales, et on la retrouve dans presque toutes les copies. Il y a des exceptions, mais je parle de ce qu'on voit généralement dans les grands concours, et il est incontestable pour moi que la plupart des élèves de l'Université, soit du côté primaire, soit du côté secondaire (pour aujourd'hui, nous laisserons, si vous le voulez bien, dans ses hauteurs, le supérieur), ont cette idée qu'il y a beaucoup de morales, qu'il y a des morales très différentes.

Ici, entendons nous bien ; par morales différentes, je veux dire morales dont chacune implique une méthode de vie, une règle de conduite réellement différente. Si je suis l'une de ces morales, la morale A, je vais donner à ma vie une certaine direction ; si j'en suis une autre, la morale B, je suivrai une autre direction, et ainsi de suite.

Et même, pour être exact : dans toute cette multiplicité, c'est surtout une triade qui se dégage. Vous savez tous comme moi que tous les manuels sont remplis de cette idée qu'il y a trois grandes morales, d'abord une morale qu'on appelle la morale utilitaire, puis une autre qu'on appelle la morale sentimentale,

et enfin une troisième qu'on appelle la morale rationnelle. On pense qu'il y a une multitude innombrable
de systèmes, mais, à l'usage, cette triade se substitue
à cette multiplicité. Il est donc courant, dans toutes
les copies remises à tous les concours, de retrouver
cette idée qu'il y a trois grands systèmes : utilitaire,
sentimental, rationnel. Vous savez tous assez ce que
cela veut dire et je me garderai bien de vous expliquer ce que cela signifie. Vous le savez comme moi.

On considère si bien que ces morales sont différentes et même opposées qu'il est très bien porté
d'être inexorable pour la morale qu'on n'adopte pas.
Vous savez que, dans presque tous les manuels, la
façon dont sont traités des hommes comme Epicure
ou Stuart-Mill est inénarrable. On abuse d'une façon
vraiment outrageante du fait que ces gens ne sont
pas là pour se défendre.

Remarquez que cette idée est passée absolument
dans le domaine public, et il ne pouvait pas en être
autrement. C'est une idée qui se rencontre partout,
soit exprimée, soit latente, dans toute la presse, dans
l'opinion, dans la conversation : la morale, dit-on,
est variable; il y a une multitude de doctrines diverses
ou opposées. Vous enseignez un système, mais vous
pourriez tout aussi bien en enseigner un autre, etc...

— De plus on se plaît à exploiter certaines formules sacro-saintes, que l'on reprend, avec quel
contre-sens d'ailleurs ! Il faudrait toute une conférence pour le montrer, mais nous sommes entre nous,
et nous pouvons nous entendre à demi-mot. « Vérité
en deçà des Pyrénées, erreur au delà ». « Plaisante
justice qu'une rivière borne ! » On prend quelques
formules de ce genre, pour en faire l'expression des
grandes variations de la morale, de la multiplicité des

systèmes, de leur désaccord et de leurs contradictions.

Il en est de même d'une certaine pseudo-sociologie. Oh ! entendons-nous bien, car il ne faut pas de malentendu entre nous. Je ne vous parle pas de la vraie sociologie, dont on vous a parlé ces jours-ci. Je parle d'une certaine pseudo-sociologie, qui papillonne de tribu en tribu, de clan en clan. Ici, cela a été terrible, car on a eu beau jeu de dire : Mais voyez donc les mœurs et la morale de la peuplade A, et à côté les mœurs et la morale de la peuplade B. Et on s'est lancé sur cette idée avec une facilité que je qualifie de désolante. Remarquez d'ailleurs que les astronomies de ces peuplades sont assez singulières, ainsi que leurs idées sur la physique. On se garde pourtant de conclure qu'il n'y a pas de physique et pas d'astronomie vraie ; pour la morale, c'est une autre affaire !

Nous pouvons donc faire sur ce point notre examen de conscience, surtout les professeurs d'enseignement secondaire, car eux surtout sont les coupables. Ils ont enseigné pendant des générations qu'il y a des systèmes de morale opposés, avec lesquels il est très joli de jongler, qu'il est très joli de faire se heurter, parce qu'on en fait jaillir des étincelles. Nous reviendrons d'ailleurs là-dessus.

Cela est donc venu par notre faute, par la faute ensuite de la presse, et aussi par les à peu près d'une pseudo-science. Rien n'est dangereux en science comme les à peu près, et il est évident que les études sociologiques vont maintenant passer, avant d'arriver à une période de solidité, par une époque extrêmement dangereuse de faux savoir. Ce ne sera pas l'époque des choses scientifiques, mais de la poudre aux yeux scientifique.

Voilà donc le fond de notre enseignement. Mais

alors un doute grave naît en moi. Si c'est vrai, ce désaccord faut-il le dire ? — Oh ! je ne tranche pas cette question, qui est extrêmement délicate, mais, comme éducateurs, nous devons nous la poser. En tous cas il n'y aurait pas lieu d'en être heureux, ni fier ! — Mais si c'était faux ? Oh ! alors, ce serait abominable, et les gens qui propagent cette opinion accompliraient une besogne néfaste.

Et bien, si vous le voulez bien, c'est partant de cette constatation que nous allons passer à l'expérience dont je veux vous parler. Cette expérience, c'est un hasard qui me l'a fait faire.

II

J'en étais là, comme je viens de vous le dire, lorsqu'un évènement est survenu, qui m'a tiré d'incertitude. Cet évènement, c'est un hasard de carrière, tout simplement. Il s'est trouvé que, par suite des circonstances, soit à Sèvres, soit à Saint-Cloud, soit à Fontenay, soit en d'autres enseignements, j'ai été amené à relire ou à lire tous les grands ouvrages de morale, dans l'ordre des temps, et à les relire dans le texte, car vous savez comme moi que tout ce qui est de seconde main est toujours déformé et toujours faux. Nous pouvons le dire une fois pour toutes : il n'y a pas un exposé scolaire de morale qui soit exact.

Donc, depuis dix ans environ, j'ai relu, dans l'ordre de déroulement, tous les grands moralistes, en partant de l'ancienne morale bouddhique et brahmanique, en passant par la morale grecque, la morale chrétienne, pour arriver aux morales de Malebranche, de Spinoza, etc... de Renouvier, pour ne rien dire des vivants. Comme je vous l'ai dit, c'est un pur hasard, et si j'avais eu à faire un autre enseignement, il n'en aurait sans doute pas été ainsi.

Mais, quand on procède de la sorte, on apprend une foule de choses. C'est étonnant tout ce qu'on apprend ! J'y ai appris beaucoup sur la philosophie générale, sur la métaphysique. Ce qui est étonnant, c'est la clarté qui se dégage d'une telle expérience, et je préviens ceux qui la feront qu'il y verront beaucoup de vérités avec une évidence qui les surprendra. — Mais je ne m'occupe ici que de la morale. Or, pour la morale, voici ce qui arrive quand on se trouve amené à faire cette étude : deux révélations très importantes s'en dégagent.

La première révélation, c'est que, à mesure qu'on avance, — et par là j'entends même quand on est encore très loin, au temps de Socrate, de Platon, d'Aristote, on commence déjà à se dire : Mais comme tous ces gens-là sont d'accord entre eux ! Qu'est-ce donc que cette vieille légende du désaccord et de l'opposition ? Et à mesure qu'on poursuit la lecture, en passant par la morale chrétienne, qui fait partie de la série, ceci es. très important, — on est stupéfait de l'étonnante unanimité de toutes ces doctrines. Et on en arrive à se demander : Mais ces hommes, ces professeurs de lycées, qui ont disserté sur ces systèmes, qui les ont opposés avec quelle science et avec quelle suprême désinvolture, qu'ont-ils fait ? Comment ont-ils pu enseigner que les systèmes s'opposent et se contredisent ?

J'entends bien qu'il est des points sur lesquels, en comparant les divers systèmes, on peut les faire se heurter ; mais au fond, ce qui est éclatant, ce qui est éblouissant, c'est leur accord. A mesure qu'on avance, on s'aperçoit qu'il y a une morale unique, une morale humaine, la Morale.

Le sentiment que je viens de vous exposer augmente à mesure qu'on approche des temps actuels. Et quand on arrive par exemple à Malebranche... Mais ici il faut que je m'arrête pour vous signaler une grande injustice. Quand on pense qu'en France, quand nous avons à exposer une morale de la raison, nous allons immédiatement chercher Kant ! Alors que nous avons en France un moraliste comme Malebranche, qui dit à peu près tout ce que dit Kant, et bien autre chose. Son caractère chrétien fait peur ? Quelle plaisanterie ! Toute la morale de Malebranche continue d'exister même si on lui retire ce caractère. Je vous signale en passant cette injustice qu'il y a, qu'on le nomme ou qu'on ne le nomme pas, à toujours aller chercher Kant.

Donc, ce premier sentiment dont je vous parlais augmente lorsqu'on voit Malebranche dire la même chose que Zenon, qui dit la même chose que Platon, et bien d'autres.

La deuxième révélation la voici : à mesure qu'on déroule, la série, une espèce de centre apparaît. Au lieu de se disperser, on voit la morale se ramasser dans un centre. Il n'y a plus qu'une idée : l'idée de la justice, et qu'une question, celle de la justice. Entendez bien que cela commence de très bonne heure. Déjà dans Socrate, il n'est guère question que de la justice ; et quand on en arrive à celui en qui se résume toute la pensée hellénique, Aristote, on y trouve l'affirmation que la morale n'est que la justice, et cela d'une façon absolument tranchée, absolument décisive. Cet homme, qui est assez austère, lorsqu'il arrive à la justice, dit ceci, et alors je cite textuellement :

« Ni l'étoile du soir, ni l'aurore, ne sont aussi admirables que la justice. »

Pour lui, la justice n'est pas une vertu ; elle est *la vertu tout entière.* Mais prenez n'importe quel moraliste, et vous finirez toujours par voir que pour lui il n'y a qu'une seule question, celle de la justice. Allez plus loin ; arrivez par exemple à une morale comme celle de Renouvier ; la science de la morale n'est pas pour lui autre chose que la science de la justice. Et si nous pensons aux récents événements, vous avez bien vu que c'est pour ou contre la Justice que des torrents de sang ont coulé.

Par conséquent, à mesure que j'avançais, et, je crois pouvoir le dire, à mesure que n'importe quel lecteur impartial avancerait dans une étude comme celle que j'ai eu l'occasion de faire, deux révélations absolument frappantes se produisaient :

Première révélation : il n'y a pas des morales ; il n'y a qu'une morale humaine, sur laquelle tout le monde est d'accord. Les points de désaccord sont accidentels et insignifiants; sur presque tous les points, unanimité.

Deuxième révélation : concentration de la morale sur *la justice.*

Voilà donc ce qui ressort de cette étude.

Eh bien, quand on a vu cela — car jusqu'à présent je vous ai raconté ce qu'on voit quand on fait ce que j'ai fait — quelles conséquences pratiques en tirer ?

III

Je crois qu'une première conséquence, très simple, est que cela donne extraordinairement d'assurance. Entendons-nous bien, il ne s'agit pas de cette assurance de mauvais aloi faite d'intolérance, mais de la ferme confiance dans ce qu'on dit et du sentiment qu'on ne parle pas arbitrairement. Lorsque l'on enseigne la morale, comme je l'ai enseignée moi-même d'abord, lorsqu'on l'enseigne sans avoir vu cette unanimité, il est évident qu'on manque un peu d'assurance, parce qu'on se dit : J'enseigne cette morale ; après tout, j'aurais pu tout aussi bien en enseigner une autre. Et, ce qui est plus grave, certains, qui ne sont pas du tout convaincus, enseignent une morale parce qu'elle est en quelque sorte un peu officielle, parce qu'il est entendu qu'il y a une morale qu'on enseigne et pas une autre. Tout cela ne donne pas l'accent qu'il faut, car ce qu'on dit n'a presque pas d'intérêt ; c'est le ton dont on le dit qui est tout. (Applaudissements).

Quand on enseigne une doctrine en se disant : « J'ai hésité entre deux ou trois avant de choisir celle-là », ou « je l'enseigne parce qu'elle est officielle », il est évident que l'accent n'y gagne pas en sincérité et en vérité. Et tenez, voici ce qui est arrivé à beaucoup d'entre nous, dans l'enseignement secondaire surtout, où l'on fait un grand cours de philosophie. Comme on était très gêné dans l'enseignement de la morale, voici ce que l'on faisait (c'est lamentable, mais c'est comme cela, et de nombreuses conversations que j'ai

eues avec des collègues sont significatives à ce sujet).
On tâchait d'en faire le moins possible, et voici ce
que devenait le schéma d'un cours de philosophie
d'autrefois. On consacrait trois mois, quatre si on
pouvait, à la psychologie, deux mois à la métaphysique, deux autres mois à la logique, et on
arrivait ainsi à huit. Puis trois semaines, quinze jours
même à la morale, en ayant l'air de dire : On est
mal là-dedans ; dépêchons-nous d'en sortir.

Au contraire, quand on peut se dire qu'on n'a pas
choisi une morale entre plusieurs autres, mais qu'on
a avec soi l'unanimité de la morale humaine et qu'on
la transmet — et nous n'avons pas autre chose à faire,
car nous ne sommes pas autre chose, au fond, que des
délégués de l'humanité chargés de transmettre ses
enseignements à l'humanité naissante — eh bien,
quand on a vu cela, tout change, et on enseigne la
morale avec confiance. Ainsi, le premier résultat qui
me semble important au point de vue qui nous occupe,
au point de vue professionnel, c'est la consistance et
l'assurance que cette conviction donne à celui qui
enseigne la morale.

La seconde révélation dont je vous ai parlé nous
donne aussi quelque chose de très utile ; elle nous
donne le moyen de concentrer la morale, au lieu,
comme il m'a semblé le voir souvent, de l'enseigner
d'une façon dispersée, par chapitres juxtaposés. Un
jour, on traite du courage, le lendemain de la bonne
humeur, le troisième jour d'autre chose ! Mais le
grand personnage de la pièce n'apparaît pas, ou il
apparaît une fois, au même plan que les autres, je
veux dire : la Justice.

Par conséquent, et c'est là une application pratique,
nous avons le moyen de donner à la morale un centre.

Nous pouvons dire : Il n'y a qu'une question, la justice ; il n'y a qu'un devoir, la justice. Et il ne s'agira jamais d'autre chose. Si vous parlez du développement de la connaissance, de la sincérité envers soi, la justice est là, ou bien vous ne faites pas de morale.

Ainsi, nous aurons un centre à notre enseignement, et en même temps nous posséderons une assurance, une confiance, que ne donne pas un choix toujours quelque peu arbitraire.

Mais qu'est-ce que cela veut dire : faire de la justice le centre de notre enseignement ? Pour moi, — et tout ce que je vous demande, c'est, dans la mesure où la question vous intéresse, de vérifier si vous le voyez comme moi — voici ce que j'aperçois. C'est d'abord que notre grande préoccupation pourrait être d'établir notre enseignement de la morale de telle sorte que, plus tard, *l'élève se pose toujours la question de la justice*. Ce serait déjà énorme.

Vous savez quelles sont, en règle générale, les questions qu'on se pose dans la vie. Oh ! c'est très simple. Six fois, ou sept fois sur dix, c'est : « Qu'est-ce que cela me rapportera ? » Ou bien, autre question presque aussi fréquente : « Qu'est-ce qu'on fait d'habitude dans cette situation ? » Vous savez très bien qu'en fait il en est ainsi, et que les masses humaines se décident généralement en se posant ces deux questions : Qu'est-ce que cela va me rapporter ? ou : Est-ce qu'*on* fait bien comme cela dans ma situation ?

Eh bien, si nous obtenions des élèves que, toutes les fois au moins qu'ils se poseront la question — ils ne se la poseront pas toujours — ils se demandent, « où est la justice ? » (qu'ils aient un parti quelconque à prendre, un député à choisir, une loi à voter, etc...)

si nous obtenons cela, nous aurons déjà fait quelque chose d'énorme. Mais cela exige que nous mettions dans notre enseignement un peu plus de concentration, et cela exige que nous montrions bien à nos élèves que la question de justice est la question essentielle.

Je ne crois pas, hélas ! qu'il suffise de voir qu'une chose est juste pour la faire. Non, je ne le crois pas du tout ; l'égoïsme existe, et l'orgueil, peut-être plus terrible encore, parce qu'il consiste à se dire : J'ai tous les droits, ou j'ai plus de droits que les autres. Il est évident, par conséquent, qu'il ne suffit pas de voir, même de voir clair comme le jour, qu'une chose est juste, pour la faire. Mais cependant, si nous obtenions cela, ce serait déjà beaucoup.

Et alors il faudra former des hommes, non seulement qui voient qu'une chose est juste, mais qui la veuillent avec amour. Car la justice est digne d'amour, car la justice est digne d'enthousiasme, car la justice est digne de passion. Il faudra faire des êtres passionnés et enthousiastes pour la justice.

Enfin, il faudrait bien montrer — et je crois que c'est là que devrait porter tout l'art de l'enseignement pour ceux qui seraient de mon avis, — bien montrer que tous les chapitres de la morale ne sont pas séparés. Le jour où l'on parlera des devoirs les plus intimes de la morale personnelle, il faudra dire à l'élève : Il va sans dire qu'en remplissant ces devoirs, vous préparerez en même temps l'homme parfaitement juste que vous devez être.

Bien entendu, cela suppose une certaine conception des devoirs envers soi-même. Je crois que dans notre enseignement, dans notre enseignement élémentaire surtout, il n'y a pas à hésiter. On peut très bien, et peut-être on doit présenter tous les devoirs envers soi-même comme n'étant pas autre chose que des devoirs indirects envers les autres. — La formule des devoirs envers soi-même, je la traduis par : Préparation en soi de l'associé parfaitement juste. Il n'y aura pas un seul devoir personnel qui ait un sens différent ; ils seront tous là avec leur vrai sens. Prenons par exemple le courage ; vous verrez tout de suite quel est le bon et quel est le mauvais. Vous verrez que le courage est bon quand il combat l'injustice, mais que le courage mis au service de l'injustice est abominable.

Je dois cependant vous dire que si nous traitions une question de philosophie proprement dite, je ne sais pas si je serais aussi assuré. Je n'en suis pas sûr ; et même, entre nous, il faut laisser de côté toute périphrase, et nous devons dire exactement ce que nous pensons. Je crois qu'il y a pour un être humain donné autre chose que son destin social, autre chose que son destin vis-à-vis des hommes, et, si vous le voulez, j'irai même plus loin : je crois qu'il y a pour chacun de nous non seulement un destin social, mais un destin personnel et individuel : profondeur interdite, secret et sanctuaire. (Applaudissements).

Cela, je le crois personnellement, mais c'est une autre question. En tout cas, si nous traitions la question de fond, je ne vous dirais peut-être pas ce que je vous dis ; mais nous parlons enseignement. Or, il est certain que chacun des devoirs envers soi-même a un intérêt social. Il est très vrai que, quand je cultive mon intelligence, ce n'est peut-être pas uniquement pour me rendre capable d'être un associé parfaitement juste, mais il est cependant certain que je m'y prépare.

Encore une fois, je crois à notre destin personnel. Au fond, c'est la question de nature, et il s'agit de savoir si notre nature s'épuise en éléments sociaux. Or notre nature, certainement, est sociale. Nous sommes peut-être, comme l'a dit, bien plus fortement que tous les sociologues ne l'ont dit depuis, le grand Auguste Comte, nous sommes peut-être une cellule d'un immense organisme ; mais nous sommes autre chose. Nous sommes en même temps un être libre, un être raisonnable, qui a sa destinée propre. — Et même nous avons certainement, dans l'univers, un destin en rapport avec cet univers, ce qu'on pourrait appeler un destin métaphysique. Pour le croyant, c'est le destin religieux ; pour l'autre, c'est un destin idéal. (Applaudissements).

Par conséquent, voyons bien où nous en sommes. L'expérience particulière que j'ai pu faire m'a rempli de cette idée qu'il n'y a qu'une morale, et que la morale a un centre qui est la justice. Il y a donc unité des morales et unité dans la morale.

III

Mais tout de même, est-ce que vraiment il ne resterait rien de cette doctrine que tout le monde a enseignée ? Si vraiment il n'y avait là qu'une fantaisie de professeurs de philosophie ; ce serait lamentable, s'ils avaient, pour le plaisir, cherché des oppositions dans les doctrines, uniquement pour le plaisir de les faire se heurter bruyamment ? Non, vraiment, ce serait à désespérer, et tout de même ce n'est pas cela, bien qu'il y ait un peu de cela.

Qu'y a-t-il donc au fond de cette idée qu'il y a trois systèmes de morale ? (c'est-à-dire une multitude: nous disons trois, pour aller au plus court).

Ici, je voudrais bien que vous pensiez avec moi exactement, parce que, ayant reconnu la vérité, ensuite nous démasquerons mieux l'erreur. Eh bien, je crois que cette idée est absolument fausse moralement, et je viens de vous le montrer, mais qu'il y a là une vérité *psychologique* : Voici cette vérité.

Il est vrai que dans l'humanité, parmi les gens qui sont autour de vous, que vous connaissez et que je connais, il y a trois types d'hommes, et de femmes, qui sont très différents dans leurs allures, dans leurs façons d'agir, bien qu'admirables tous les trois.

Vous avez certainement vu que, parmi les gens que vous connaissez — parmi ceux que vous prenez pour des modèles humains, je ne parle pas des autres — il y en a que l'on pourrait appeler des merveilles de vie sentimentale. En eux, ce sont toujours des élans généreux, des élans admirables. En face d'eux, vous en voyez d'autres qui sont plutôt des types de volonté réfléchie, de volonté raisonnable, qui n'agissent qu'après avoir délibéré, comparé. choisi en pleine lumière. — Enfin, il y a une troisième catégorie, objet de l'exécration des manuels de morale. Ce sont ceux qui cherchent leur bonheur, qui ne sont heureux que quand ils ont fait du bien. Entre nous, les croyez vous inférieurs ? Ils sont admirables, eux aussi. Vous connaissez certainement de ces gens qui ne trouvent leur bonheur qu'à vous rendre service. Quelle abomination ! pensez donc, des égoïstes et des utilitaires !

Donc, vérité psychologique : il n'y a pas trois systèmes, mais trois types d'hommes, — et de femmes, car s'il y a des femmes qui sont admirables d'élan et d'impulsion généreuse, il en est aussi qui sont admirables dans le type raisonnable, qui sont des modèles de sang-froid et de clairvoyance, ardentes et enthousiastes sans doute, mais toujours soumettant leurs passions à la raison. Et puis, il y a des femmes qui ne sont contentes que quand elles font du bien, et qui cherchent leur bonheur de cette façon. — Il est odieux d'exclure de la moralité l'une de ces catégories d'êtres. Il est déjà sacrilège de leur donner des rangs.

Par conséquent, n'allez pas dire, avec ces manuels auxquels je pense, qu'il n'y a qu'un type humain. Non, il y en a trois, qui tous trois présentent d'admirables modèles de vie morale.

Donc, vérité psychologique, ou vérité éthologique, pour parler un langage savant que je n'aime pas beaucoup. Les caractères humains se groupent en effet assez bien dans ces trois catégories.

Autre vérité cachée sous cette fausse doctrine : vérité dialectique ou, si vous voulez logique, et voici ce que je veux dire par là. Je veux dire que toutes les morales sont d'accord, qu'elles disent toutes « Sois juste », et pas autre chose. Mais, *c'est quand on arrive à la raison pour laquelle il faut être juste* qu'il y a divergence. Mais ici faites bien attention que ce n'est plus la morale, que c'est la philosophie de la morale, que c'est la recherche métaphysique du fondement de la morale et non plus la morale elle-même.

Quand, à cet homme qui viendra vous dire « Sois juste », vous demanderez pourquoi il faut être juste, il peut vous faire trois réponses :

D'abord, il peut vous dire : Il faut que tu sois juste, parce que c'est encore ton intérêt le mieux entendu. Eh bien, il a raison. Pourquoi aller contre ce qui est la vérité même. La vertu est bien ce que l'on a trouvé de mieux pour être heureux.

Un autre viendra à qui je poserai la même question, et cet autre va me dire : C'est de cette façon que tu inspireras le mieux de la sympathie à tous tes semblables, et que tu satisferas le mieux les instincts sympathiques et sociaux que tu as en toi. Eh bien, il a raison aussi, celui-là ; ils ont tous raison.

Un troisième dira : Sois juste, parce que, tout de même, c'est quand on est juste qu'on est vraiment raisonnable. C'est alors que, subjuguant l'irrationnel égoïsme, on tâche de conformer sa vie à l'ordre, à la vérité et aux principes de la raison.

Il y a donc bien, vous le voyez, trois arguments.

Ce que je vous dis là est peut-être un peu plus délicat, parce que, pour certains esprits, la morale et le fondement de la morale se confondent quelque peu. Mais il faut bien distinguer. La morale consiste à donner une règle, et cette règle, elle la donne toujours la même : Sois juste. Expliquer le fondement de la morale, c'est dire pourquoi il faut être juste. Ici, l'un dira : Sois juste, parce qu'ainsi tu feras ton bonheur. Le deuxième dira : Sois juste, parce qu'ainsi tu satisferas le mieux les tendances sympathiques qui sont en toi. Et le troisième dira : Sois juste, parce que, en étant juste, tu obéis à la raison.

Tous trois ont merveilleusement raison.

Par conséquent, si je ne me trompe, dans cette doctrine que j'appelle fausse, en tant que morale, il y a tout de même une vérité psychologique se rapportant aux caractères humains et une vérité logique se rapportant aux arguments que l'on peut donner en faveur de la règle morale. Mais ne confondons pas du tout cela avec l'existence de morales séparées et opposées ; ce serait complètement faux.

Si nous avions le temps, je vous montrerais par exemple qu'un homme qu'on représente toujours comme étant l'ennemi de la morale rationnelle, est cependant pleinement d'accord avec elle. Il s'agit d'Epicure. On voit là des choses presque invraisemblables. On a complètement faussé sa doctrine, on lui a prêté des idées grossières ou insignifiantes, pour arriver à en faire un bouc émissaire. Mais il a dit des vérités profondes ; il a donné des conseils d'une pureté admirable ; et il les a suivis, ce qui est encore mieux. On a dit de lui, et c'est une lourde injustice de laquelle nous sommes tous revenus, que sa doctrine était l'apologie de la jouissance. Mais même beaucoup de ceux qui sont revenus de cette erreur-là, font de lui l'apôtre d'une théorie des plus banales, qui consisterait à dire qu'il faut se priver un peu aujourd'hui pour être plus content demain. S'il n'a dit que cela, c'est à la portée d'un enfant de sept ans, n'en parlons pas. Mais il a dit bien autre chose, soyez en persuadés.

Par conséquent, vous le voyez, on s'est donné beaucoup de mal ; on a torturé des textes pour arriver à faire entrer dans nos catégories scolaires des hommes qui sont, au fond, très grands, et dont chacun donne un modèle merveilleux. Mais je me hâte d'arriver maintenant à quelque chose qui est déjà plus difficile, à la question que, évidemment, vous vous posez tous. Allons-nous être d'accord sur ce que c'est que la justice ?

IV

Il est très bien de voir — et j'espère que vous le voyez avec moi — qu'au fond il n'y a qu'une question qui est celle de la justice, et qu'une vertu qui est la justice. Mais si de cette justice nous nous faisons une idée différente, si les uns la définissent d'une façon, et les autres d'une autre façon, nous allons retomber dans le désaccord, et en vérité, nous aurons fait une pauvre, une lamentable besogne : nous n'aurons établi qu'une unité verbale, ce qui est sans aucun intérêt.

Voyons donc s'il y a là une chose réelle. Je ne puis vous quitter sans que nous nous soyons entendus sur ce point. Ce point est rendu pour moi un peu plus délicat par le fait que justement mes prédécesseurs, que j'ai écoutés avec autant de plaisir que d'admiration, se sont déjà exprimés sur cette question, d'une façon qui n'est pas en désaccord avec ce que je dis, mais qui tout de même demanderait un léger raccord, qu'au reste vous ferez de vous-mêmes.

J'aborde donc la question qui est vraiment délicate. Comme vous le voyez, je ne parle pas du tout de questions techniques, qui me sont absolument indifférentes. Je parle de la question vitale : Comment devons nous enseigner à nos élèves, qui demain seront la France ?

Pouvons-nous donc nous mettre bien d'accord sur la justice, ou au contraire l'idée de justice va-t-elle nous diviser ?

Si je ne me trompe, ce que je viens de vous dire — à savoir ce qui ressort de l'étude absolument impartiale de toutes les morales humaines — doit nous donner déjà une certaine sécurité, parce que c'est bien la même justice qui apparaît au centre de toutes les doctrines dont je vous ai parlé.

Mais ici arrêtons-nous. Ici, je m'adresse tout particulièrement à mes collègues, parce que je crois que pour arriver à s'entendre sur la justice, pour arriver à voir, clair comme le jour, ce qu'est la justice, il y a une précaution fondamentale à prendre. Ne croyez pas que je vais vous dire des choses compliquées ; cette précaution est très simple. Elle se ramène à ceci qu'il faut avoir soin, mais un soin extrême, de ne pas parler à la fois de *la justice distributive* et de la *justice pure*. A mon avis, toutes les fois que les idées sur la justice se mettent à flotter, toutes les fois qu'il y a un malentendu, qu'on a l'air d'être en désaccord, c'est qu'on parle à la fois de la justice distributive et de la justice pure. Or il n'y a pas moyen d'en parler à la fois, et à partir du moment où un moraliste fait cette confusion il est perdu. Je pense en ce moment à certains chapitres précis de Spencer ou de Stuart-Mill, où visiblement, à partir d'un certain moment, les deux choses sont pour ainsi dire télescopées. Et alors, c'est fini.

Si je m'arrête ici, et si j'insiste, c'est que nous sommes en présence d'une chose très importante, et tout à fait vitale, j'entends dans la pratique de l'enseignement. Donc, encore une fois, et la précaution est essentielle, ne parlons pas des deux choses à la fois. Il y a là deux problèmes radicalement différents.

Le premier problème est un problème de morale politique, d'administration, de rapports de collectivité à citoyen. L'être qui est détenteur des biens de ce monde, postes, honneurs, emplois, argent, etc., le chef, l'administrateur, la collectivité, ou même Dieu qui est détenteur des biens éternels, comment doit-il distribuer, répartir ces biens dont il a la disposition ? Voilà le problème de la justice distributive.

L'autre problème, le problème de la justice pure, n'a aucune analogie avec le premier.. C'est un problème d'homme à homme, le problème *de toi et de moi*. Il ne s'agit plus là de société, de collectivité. Nous sommes deux êtres, toi et moi, moi et l'autre. Quelle doit être mon attitude ? Ce problème est nettement séparé du premier. Si vous voulez traiter les deux à la fois, vous vous tromperez ; vous arriverez à des malentendus, à des formules qui ne pourront pas se stabiliser.

Je sais bien qu'il y a, entre les deux des rapports ; — et que ce peut être un sujet d'étude très attachant que de chercher ces rapports ; mais ce sont là des spéculations plus ou moins subtiles. Le fait, c'est la dualité.

Cela, il faudrait avoir le temps de vous le dire davantage ; mais je suis persuadé que beaucoup d'entre vous l'ont déjà vu, ont déjà constaté que c'est à partir du moment où l'on parle des deux justices que les choses deviennent embrouillées. Mais si vous prenez la précaution que je viens de vous dire, alors peut-être un peu plus de facilité et de clarté se présenteront-elles pour vous.

Une fois que vous avez bien distingué, il faut vous demander quelle est celle de ces deux justices qui est véritablement la principale, qui est véritablement l'objet de la morale dont je parle. Eh bien, sans une hésitation, sans un doute, je réponds que c'est la justice pure. Pourquoi ? Parce qu'elle domine l'autre.

Je reprends le chef dont je parlais tout à l'heure.

Ce chef, au nom de la justice distributive, va retirer un poste à qui ne le méritait pas. Il agit au nom de la justice distributive. Mais dans cet acte qu'il va faire, il doit encore être juste, de la pure justice, c'est-à-dire voir dans ce subordonné une personne digne de respect et d'amour.

Donc si vous voulez que l'on s'entende bien sur le sens du mot de justice, séparez les deux idées d'une façon absolument complète ; ne parlez pas des deux à la fois, et prenez résolument pour centre de l'enseignemeit dont je parle, la justice que j'appelle la justice pure, c'est-à-dire le problème privé de toi et de moi, de moi et l'autre, le rapport d'individu à individu, de personne à personne. C'est ce problème qui est dominateur, et qui prime le problème de justice distributive.

Si cela est vrai, oh ! alors, je crois que nous pouvons nous entendre ; je crois qu'il y a une définition humaine de la justice, qu'il y a une conception éternelle de la Justice.

Mais, pour cela, il faut que ce que je viens de dire soit bien convenu, sans quoi nous ne pouvons pas avancer. Si vous n'avez pas laissé résolument de côté, pour ne plus y revenir aujourd'hui, la justice distributive, on ne peut plus s'entendre. Nous nous entendrons au contraire si vous voulez aborder avec moi le problème de justice pure.

Eh bien, la définition de la justice, définition commune à tous les grands moralistes sans exception, c'est la définition par le mot d'égalité. Il n'y a pas de doute ; quand on suit de bout en bout la marche dont je vous parlais tout à l'heure, on voit que c'est toujours l'égalité qui est le thème essentiel. — Voyez-vous pourquoi il est si important de distinguer la justice pure de la justice distributive ? C'est que le mot d'égalité — vous le croyez sans doute comme moi, mais ici les divergences sont permises, — n'est sans doute pas le mot de la justice distributive. Lorsque, le premier jour, notre Directeur vous parlait, en termes si précis et si élevés, de la nécessité rationnelle d'une proportion entre les actions et les réactions, c'était, je me permets de le dire, de la justice distributive qu'il parlait. En fait, je suis persuadé que le mot égalité n'est pas le mot de la justice distributive ; mais c'est le mot de la justice pure. Qu'est-ce que cela veut dire ?

Je reprends les termes dont je me servais tout à l'heure : il s'agit du problème *de toi* et *de moi*. Eh bien, *égalité* synonyme de justice, cela signifie égalité entre *toi et moi* ; cela signifie que j'ai pour toi les sentiments que j'ai pour moi. J'appelle juste, et toute cette lignée de moralistes dont je vous parle appellent juste, l'homme qui, devant un autre, quel qu'il soit, veut pour lui ce qu'il veut pour soi, fait pour lui ce qu'il fait pour soi. C'est celui qui ne dit pas : A moi la plus grosse part ! Oh ce n'est pas précisément celui qui dit : « Tout pour vous, rien pour moi ». Ceci, c'est de la sainteté. C'est peut-être très beau, mais ce n'est plus de la morale. Pourquoi ? Parce qu'il n'est pas souhaitable que tout le monde cherche la sainteté, tandis qu'il est absolument souhaitable, sans jamais d'exception, sans jamais de réserve, que tout le monde cherche la justice.

Je dis donc : Il s'agit d'égalité entre toi et moi ; je veux pour toi ce que je veux pour moi. L'autre est mon égal ; quel qu'il soit, je préjuge qu'il me vaut.

Faites attention que ce que je vous dis là se trouve déjà dans l'Inde antique. Soyez tranquilles, je ne veux pas vous faire la leçon ; je veux simplement vous montrer, au cours des âges, trois ou quatre étapes.

Dans l'Inde, un homme comme Cakya-Mouni, le Bouddha, dit ceci, et c'est peut-être la plus belle des formules :

« Apprends à voir, dans un autre, toi-même. »

Et cela, c'est toute une métaphysique à approfondir : Tu es juste, si tu t'aperçois que cet autre, qui te paraissait ennemi, puis étranger, puis indifférent, c'est toi. Cette formule, reprise de nos jours par Schopenhauer, est admirable.

Je passe maintenant à Aristote. C'est un homme qui dit : Etre juste, c'est ne pas prendre pour soi plus que l'autre, quand c'est du bien ; c'est ne pas prendre moins (ne pas s'embusquer) quand c'est du mal.

Arrive ensuite la morale chrétienne. Faisons bien attention, encore une fois, et c'est capital, que la morale chrétienne fait partie de l'ensemble. Elle donne une admirable leçon de justice : car la charité, dont on a tant parlé, c'est de la justice encore. Le chrétien conçoit l'universelle justice, cela veut dire qu'il faut donner à tous les êtres de l'univers exactement ce qui leur est dû. A Dieu, naturellement l'adoration. Pour tes frères, car ils sont tes frères, tu dois avoir exactement le sentiment que tu as pour toi. Tu dois les aimer comme toi-même, et c'est cela qui est la justice.

Prenons-en un autre ; prenons, si vous voulez, un homme comme Renouvier. Toute la morale de Renouvier, c'est ceci : Apprends à regarder un autre homme, quel qu'il soit, comme un *associé* (c'est un mot un peu plus spécial, mais qui a exactement le même sens) c'est-à-dire qu'au lieu de voir en cet autre soit un rival, soit un ennemi, soit un indifférent, on doit y voir vraiment un collaborateur, un autre soi-même.

Par conséquent, je crois que sur ce sens de justice pure synonyme d'égalité, qui signifie égalité entre toi et moi, (je veux pour toi exactement ce que je veux pour moi), nous sommes absolument sur un terrain solide.

Et pour en venir à une question qui nous a bien des fois troublés, à cette fameuse question de la justice négative qui a fourni tant de sujets (est-ce que la justice est purement négative; est-ce qu'elle consiste seulement à s'abstenir) mais cela n'est même pas un objet de discussion. Pour moi, cette question est tranchée d'avance, puisque, être juste, c'est faire pour vous ce que je voudrais pour moi. Apparemment, ce n'est pas seulement ne pas agir, puisque je dois vous aider comme je m'aide, vous aimer comme je m'aime. Par conséquent, cette vieille querelle ne mérite même pas un débat philosophique si la justice est bien ce que je vous ai dit, et incontestablement elle est ce que je vous ai dit.

Je sais bien que nous sortons d'une époque où on a opposé la justice et la charité. On n'a pas toujours placé la justice au centre de la morale, puisqu'on nous a enseigné, et que nous avons enseigné qu'il y avait les devoirs de justice et les devoirs de charité. C'était même assez curieux au fond, d'un côté ce paquet de devoirs négatifs, et de l'autre côté ce paquet de devoirs de charité. L'époque éclectique, dont nous sortons, a cependant enseigné cela, pour des raisons tendancieuses et politiques (oh ! méfions-nous de la politique). Cette école, pour des raisons de conservatisme faciles à deviner, avait eu une peur extrême qu'on dise que les gens avaient droit à la charité.

Mais dans tout le développement dont je vous ai parlé, ceci n'est qu'un épisode insignifiant ; cela est disparu déjà des cours scolaires, ou il n'y en a plus pour bien longtemps.

Tenez, prenons la morale chrétienne, dans un de ses grands représentants. Prenons Bossuet. Savez-vous comment il parle de la justice et de la charité ? Il dit que la charité, c'est la forme essentielle de l'éternelle justice.

Et cela se comprend. En effet il est juste que, envers mes semblables qui sont mes frères, je me conduise avec charité. L'amour, c'est de la justice. Aimer, c'est être juste ; si je n'aime pas, je suis injuste.

Par conséquent, le seul petit point, dans l'histoire, qui s'opposerait à ce que je dis, c'est cette petite période éclectique, qui peut-être s'est un peu prolongée par le vice de ces professeurs de philosophie, qui racontaient toujours la même chose. (L'histoire de l'enseignement, des doctrines morales, est quelque chose qui nous rend très humbles, quand on sait comment cela s'est fait.)

Voilà donc ce que je voulais vous dire. Je me résume.

Par une expérience un peu spéciale, que le hasard a permise, mais ayant en moi la conviction objective, — comme disent ceux qui parlent avec science, — que quiconque ferait la même expérience arriverait au même résultat, j'ai acquis la certitude qu'il y a une morale unique, identique, qui se suit à travers le temps, et que j'appelle vraiment la Morale de l'Humanité ; que cette morale a un centre ; qu'il n'y a pas des vertus, mais qu'il y a une vertu, et que cette vertu est la justice ; et qu'il peut y avoir intérêt, pour le renforcement de notre action, à ce que nous connaissions cela et le mettions en pratique, — à condition, bien entendu, que l'on renonce à chercher ce qui divise. J'aimerais à ce propos que vous voyiez bien comme moi qu'il y a deux types d'esprits, ceux qui, étant donné deux interlocuteurs, cherchent ce qui les divise, et ceux qui, étant donné deux interlocuteurs, cherchent ce qui les unit. Je crois, sans hésiter, que le supérieur est celui qui recherche ce qui unit. C'est l'amour qui est fécond, ce n'est pas l'hostilité, et il est certain que, ici comme partout, le vrai c'est l'« union sacrée ».

(Applaudissements).

Mesdames, Messieurs,

Voilà l'essentiel de ce que je voulais vous dire. Je ne vous demande pas actuellement de présenter d'objections. Vous êtes trop nombreux, et trop d'esprits réfléchis pour que la moindre objection ne vous prenne pas, pour sa mise au point, bien des séances comme celle-ci. Mais, avec l'amitié que j'ai professée pour beaucoup d'entre vous, et que je me permets d'avoir pour tous, je me mets absolument à la disposition de ceux et de celles d'entre vous qui voudraient, par correspondance, me présenter leurs suggestions. J'en serai très heureux et très fier.

(Applaudissements prolongés).

LA VERTU ET LE BONHEUR

Conférence de M. Félix PÉCAUT,

Inspecteur général de l'Instruction Publique.

Je suis le dernier, — le dernier numéro de la troupe, — et vous êtes bien bons d'être venus en si grand nombre à cette dernière séance. Soyez sûrs que je ressents vivement cette prévenance. Accueillez-moi, je vous prie, au seul titre de vieux professeur, ayant enseigné la morale plus longtemps que la plupart d'entre vous : pendant près de vingt-cinq ans et y ayant trouvé chaque année des difficultés toujours renaissantes.

Au nom de mon expérience et de ma réflexion sur mon expérience, voulez-vous me permettre un conseil préliminaire. Tout simplement d'en prendre à l'aise avec ce Programme de Morale. Que voulez-vous, le meilleur des Programmes a ce tort de n'être pas fait par celui qui enseigne et pour lui.

C'est un irrémédiable défaut. Nous sommes tous obligés de payer notre tribut à l'individualité. Chacun a sa façon individuelle de systématiser ses idées et ne peut bien enseigner que sa systématisation propre. Cela est vrai même dans les sciences. Un professeur de chimie acceptera probablement, sans remords scientifique, de traiter toutes les questions du Programme. Mais s'il les prenait dans l'ordre même du Programme, serait-il encore bon professeur et bon chimiste ?

Combien est-ce plus vrai dans l'enseignement de la morale ; car, là, ce n'est pas seulement d'une systématisation d'idées qu'il s'agit, mais, épousant bien plus intimement la forme de notre individualité, d'une systématisation de sentiments ; ce que l'on doit communiquer étant toute une façon de sentir ce qui dans la vie est capital, ou, au contraire, accessoire.

Ne nous attachons pas à la lettre. Seul est important et doit être retenu le titre général« *Principe de la Morale* ». C'est l'article qui pose l'objet d'études pour l'année. Nous avons à *comprendre* la Morale. Elle est un *fait*, comme Kant l'a montré très bien, et Durkheim après lui. C'est un *fait* que nous admettons qu'il y a des devoirs et que nous devons nous subordonner à quelque chose qui nous dépasse. Mais pourquoi ? Et quelle est la fin que nous poursuivons sans le savoir en acceptant cette obligation ? Le problème, il est là (1). Eh bien, ceux qui sont chargés de le traiter et ont, dans cette tâche, à interpréter les théo-

---

1 Et on comprend qu'on ne puisse pas le laisser ignorer à des jeunes gens d'Ecole Normale. On peut être honnête homme sans savoir pourquoi. Mais il est dans la destinée de l'homme de tout penser, même sa vie morale et il ne doit pas se dérober à cette destinée.

ries des philosophes, qu'ils prennent donc le droit
d'arranger l'affaire comme ils le veulent ou le peuvent. Le Programme n'est que pour leur proposer
quelques indications.

Une confidence personnelle m'est-elle permise ?
Voici près de dix ans que je n'enseigne plus, et peut-
être devient-on meilleur professeur en cessant de
professer, un lent filtrage se faisant. Or, allant parfois
m'inspecter rétrospectivement, j'en reviens chargé de
remords.

C'est d'abord le remords d'en avoir trop dit. Quelle
avalanche dévalait sur ces jeunes têtes, alors que la
substance que je leur pouvais apporter aurait tenu
dans le creux de ma main ! Remords aussi d'avoir
dressé et exposé des théories pour les critiquer et les
abattre. Quelle faute pédagogique de jouer ainsi aux
quilles ! Si une théorie n'a rien que de mauvais, pourquoi l'évoquer ? Et si elle a quelque chose de bon,
que cela seul soit donc mis en valeur.

Remords enfin, et non le moindre, d'avoir exposé les
théories philosophiques dans le langage et la forme
même dont leurs auteurs ont usé. Voilà bien le « livresque » dans toute sa misère. Ces philosophes ne
doivent pas être pris pour des idéologues. Ils sont
à même la vie ; ils y pénètrent plus profondément
que personne. Qu'on les traduise donc, qu'on repense
leur pensée, qu'au besoin on la transforme, qu'on la
déforme, et, si j'ose dire, qu'on la fausse à toute
extrémité s'il est nécessaire, pour l'ajuster à l'évolution
qui s'est accomplie depuis son temps, mais qu'à tout
prix on lui rende la vie et que les élèves, l'écoutant,
aient l'impression de découvrir de la réalité. Je livre
ces repentirs aux plus jeunes d'entre vous, aux adolescents de moins de quarante ans, pour qu'ils ne tombent

pas dans les mêmes erreurs. Quant à mes contemporains, je suis tranquille, bien assuré que nous sommes d'accord.

I

Arrivons maintenant à notre sujet. Venant le dernier, je me suis tout naturellement arrêté à l'article dernier du Programme : « *La Vertu et le Bonheur* ».

Sans doute l'avez-vous déjà repéré. Et il a dû, en ce cas, vous rendre pensifs comme moi-même. La laisser tomber, cette question, le peut-on ? Non, bien certainement. On sent trop clairement qu'elle est fondamentale et qu'il y va d'une décision dernière sur la valeur de la vie. Et pourtant, qui sait si vous ne vous déroberez pas, ne pouvant faire autrement ? Quand elle se présente à nous, surtout à un certain âge, — à l'âge de la sincérité, elle nous demande en réalité le secret le plus profond de notre expérience, celui dans lequel il nous est le plus difficile de descendre et de porter la lumière.

Redoutable question en elle-même et combien plus quand il faut la traiter avec des jeunes gens sur qui notre influence peut être grande. C'est elle justement qui éveille le scrupule qu'on ne laisse pas d'avoir quelquefois dès qu'on enseigne la morale. Etrange scrupule qu'il faut avant tout taire à ces esprits confiants ; qu'il serait détestable de leur laisser soupçonner, — et pourtant scrupule légitime. Nous faisons le possible pour les vouer à la morale, les lui consacrer ; notre prise sur leur cœur est souvent très profonde et nos paroles agissent parfois fortement. Sommes-nous sûrs qu'ils y trouveront le bonheur ? Pouvons-nous le leur assurer en les regardant dans les yeux et en nous portant garants de cette certitude ?

C'est un Dieu jaloux que la Morale, et dans tous les domaines de la vie qui exige, à l'occasion, des sacrifices. Quand on lit les exposés historiques des Sociologues, le livre, par exemple de M. Fauconnet sur la *Responsabilité*, on est hanté et oppressé par la pensée des effroyables cruautés exercées sur les sociétés d'autrefois par leurs Morales ; tant de supplices infligés ou affrontés par devoir ; si la nature humaine a beaucoup offensé la Morale, avouons que celle-ci le lui a bien rendu. Et même dans les conditions de vie si adoucies qui sont les nôtres, reconnaissons que pour être honnête homme strictement, il faut renoncer souvent à bien des ambitions, à des avantages matériels, à des joies sentimentales et rester méconnu, parfois dédaigné. On comprend donc le scrupule.

Si vous me permettez une digression, je crois bien que là est le secret si souvent recherché de la morale de La Fontaine. Il avait, ce « *libertin* », l'esprit le plus déniaisé qui fut jamais, — de la lignée de Voltaire ou de Montaigne. Or, son instinct, sinon sa réflexion, paraît bien avoir été de mettre les hommes en garde contre la Morale. Il craint que, les yeux bandés par elle, ils ne se heurtent à la réalité ; il montre donc le monde tel qu'il est, tout semé d'injustices et de tromperies. Immoralisme, si on veut, — dangereux, si on veut encore ; mais aussi un secret amour des hommes qui se moque de la Morale.

Certes, nous savons bien, d'instinct, qu'on ne peut trouver le bonheur hors de la justice, de la fidélité, de la bonté. Mais le trouve-t-on dedans. Le Devoir contient-il le bonheur ?

Si vous le voulez bien, nous examinerons la question entre nous et pour nous. Avec les élèves, notre liberté est gênée. Mais nous avons, à notre âge, une structure morale, bonne ou mauvaise, seulement déjà trop arrêtée et solidifiée pour courir le moindre risque à l'aventure de la pensée. Allons-y donc franchement sans souci de savoir sur quel rivage nous aborderons, ni s'il y a un rivage.

****

Vaut-il la peine de se demander si le Monde donne son salaire à la vertu, si celle-ci reçoit du cours des choses la récompense extrinsèque qu'elle croit mériter.

Nous n'avons plus guère d'illusion à cet égard, du moins pour ce qui est du monde dont nous avons l'expérience et faisons la science.

La parfaite indifférence du Monde Physique à notre destinée morale, nous y sommes si bien accoutumés que l'évolution des sentiments s'y est ajustée, et que nous n'en avons plus l'épouvante. Il est tout mécanique et inconscient, nous ignore comme il s'ignore.

Et cette injustice du mécanisme ne s'exerce pas seulement hors de nous ; elle se poursuit en nous, dans notre sentiment profond de la vie. Le hasard physique ne se contente pas de détruire la récolte du juste, tandis qu'il favorise celle de l'injuste. Il va plus avant. Il donne aux uns, sans souci de leur vertu, une complexion mélancolique et anxieuse, aux autres un bien-être organique, une joie de vivre qui résiste à tous les coups du sort, et qu'ils portent en eux sans la devoir à eux-mêmes et y être pour rien. On dira peut-être qu'on ne se contenterait pas de ce bonheur végétatif et qu'on trouve malheureux ceux qui sont.

heureux seulement de cette sorte. Tout de même, c'est la plus décourageante injustice et qui pénètre jusqu'au fondement de notre âme.

Quant au Monde social, qu'en espérer ? La Conscience Collective impose avec puissance sa Morale pour maintenir la société. Elle réagit vivement contre tout ce qui la blesse et tend à la détruire. Mais sanctionner exactement et profondément la moralité, faire le bonheur du juste, elle en est bien incapable, non armée pour cette fonction. Puis les déterminismes sociaux, les suites de causes et d'effets économiques, par exemple, on les voit presque autant dénués de finalité que les mécanismes physiques. Il n'a a d'ailleurs qu'à suivre du regard les destinées individuelles, pour qu'éclate aux yeux la contingence du rapport entre la vertu et les biens de ce monde.

*
**

Mais si la moralité ne portait pas en elle le bonheur, si tout bonheur lui venait de ce qui est en dehors d'elle, lui était jeté comme un salaire pour les circonstances, comment entrerait-elle en nous, aimée et voulue pour elle-même ? Comment serait-elle vécue par notre âme et aurait-elle pour celle-ci une valeur absolue ? Il faut bien qu'elle réponde à notre nature, à une aspiration essentielle de notre être. Déceler cette aspiration, c'est trouver du même coup le secret de la moralité, de sa naissance, et celui de la joie qu'elle porte, et celui aussi de la liberté morale, car, dans ce monde indifférent, cette joie, venant de notre volonté, ne peut que nous rendre indépendant des choses.

La naissance en nous de la moralité est plus difficile à expliquer et plus surprenante que ne le disent les sociologues. Ils se donnent beau jeu, quand ils se bornent à déclarer que toute Société a besoin, pour se conserver, de se créer une Morale et de l'implanter dans l'individu. Cela est vrai, mais ne nous fait pas voir comment elle y réussit ; car, après tout, elle y pourrait échouer, si elle trouvait la nature individuelle réfractaire.

Il nous faut donc nous tourner vers celle-ci et tâcher de la saisir dans sa source, au-dessous de la surface qu'elle présente à la Société.

Qu'on me permette ici quelque philosophie un peu abstraite. Un grand fait domine la nature humaine, toute la nature animée même : c'est que le *vouloir-vivre* est individualisé et, donc, naturellement égoïste. On ne saurait remonter au-delà ; il n'y a qu'à constater sans expliquer. Il pourrait n'y avoir dans l'Univers qu'un unique et immense *vouloir-vivre* ; en fait, il est morcelé ; il y a des individus qui *veulent vivre*. Schopenhauer a mis ce fait dans une grande lumière, et cela suffit pour que Schopenhauer ne puisse être négligé dans la chaîne de la pensée humaine. Il a posé en travers du chemin une pierre qu'on n'enlèvera pas ; on peut essayer de passer par dessus ; par côté, il n'y aurait place.

Ah, moralement l'étrange nature du *vouloir-vivre* individuel ! Il n'a d'autre fin que lui-même et se subordonne inexorablement tout le reste. Ceux d'entre vous qui sont experts en biologie rattacheront, peut-être, cette tendance à la propriété essentielle et significative de la matière vivante, *l'assimilation* : la cellule vivante ne cherchant qu'à s'accroître et à se multiplier aux dépens du milieu, en gardant irr>ductiblement son identité et, si l'on peut dire, sa formule individuelle.

Le caractère du *vouloir-vivre* se complique, se déguise à travers toute la vie psychologique, mais subsiste. Le *vouloir-vivre* se veut et ne veut que lui.

Notre égoïsme est si puissant qu'il déborde notre conscience claire. Celle-ci est envahie par son jaillissement sans connaître la profondeur de la source d'où il vient. Qu'on ne chicane donc pas La Rochefoucauld Cet esprit si fort a étendu la connaissance que nous avons de nous-même et sans doute n'a pas atteint encore les limites.

Si, d'ailleurs, nous voulons voir le *vouloir-vivre* dans une plus grande nudité, regardons au-dessous de nous. Partagerez-vous mon impression ? Je vous la donne tout de même. Il me semble qu'on ne peut contempler le monde animal sans être saisi par la férocité qui y règne, par cette froide cruauté de machines vivantes, cette fatale insensibilité. On en sort avec l'épouvante.

Pourtant voici un autre fait non moins incontestable. A travers les fentes du *vouloir-vivre* percent des sentiments tout contraires, une frêle bienveillance, en prenant le mot au sens propre : une volonté du bien d'autrui.

Comment l'expliquer ? Nous ne savons ; nous devinons seulement que cette volonté se rattache à quelque chose de mystérieux : l'individu n'est pas un absolu ; il est traversé par l'espèce. On peut croire que des individus seuls sont réels ; mais il est tout aussi nécessaire de croire que l'espèce est la véritable réalité, dont les individus ne sont que l'apparence. Il y a le *vouloir-vivre* de l'individu, mais aussi, dans l'individu, le *vouloir-vivre* de l'espèce, et celui-ci porte en lui et développe tout un cortège de sentiments altruistes entre individus de sexes différents, entre parents et enfants. Altruisme élémentaire, rudimentaire, tout animal, qui n'est certes pas la moralité, mais en est la condition, ouvre nos âmes à la moralité.

*\
**

Or, ces deux tendances naturelles opposées, la volonté égoïste et la volonté bienveillante, ont des destinées différentes, car elles ne trouvent pas dans le monde les mêmes conditions de développement.

Le *vouloir-vivre* égoïste a ses joies, sa gaieté, qu'il serait vain de déprécier, car nous avons besoin de leur secours. Mais il est voué et prédestiné à la défaite. C'est la grande vérité, celle qui découvre la source des maux fondamentaux de la vie.

D'abord, il se heurte fatalement aux autres *vouloir-vivre* et est meurtri par eux. La lutte est de son essence, puisqu'il tend à se tout subordonner. Il entre en lutte à tous les étages de son organisation : par le développement de ses besoins matériels, par son orgueil, son appétit de supériorité et de domination sociale, sa passion de domination sentimentale et de domination intellectuelle. De cette lutte surgit tout une floraison de sentiments à base de haine : l'envie, la jalousie, la colère. Sentiments qui sont toujours des souffrances et parfois les plus douloureuses maladies de l'âme : n'oublions pas la définition si pénétrante de Spinoza, que la haine est une souffrance qui trouve à qui s'en prendre. Et qui dira la place de cette mauvaise tristesse dans notre vie sentimentale ! Nous nous la voilons à nous-mêmes par inconsciente pudeur. Quelle surprise et quelle humiliation seraient les nôtres si quelque esthésiomètre indiscret mesurait la quantité de nos peines et nous permettait de comparer en chiffres, par exemple, la souffrance d'une ambition déçue à telle souffrance morale dont nous avons un secret orgueil.

Mais le *vouloir-vivre* est vaincu aussi par le Monde physique qui, lors même qu'il ne le bafoue pas et ne l'outrage pas par mille accidents, inéluctablement l'épuise et lui soustrait peu à peu ses forces. Sa mort, à la fin, est l'échec définitif et absolu. Douloureuse est donc la destinée du *vouloir-vivre*.

L'observation des hommes autour de soi ne confirme-t-elle pas tout cela ? Il est des égoïstes, puissants lutteurs, qui poussent loin le triomphe dans la lutte ; qu'on regarde en eux : ils n'ont aucune joie affective, puisqu'ils n'aiment pas ; ils sont des hommes seuls, ils ont la tristesse de cette solitude, sans ressources quand vient l'heure redoutable. Quant à l'égoïste faible, ne pensant qu'à sa propre aventure, n'y trouvant que tracas et déceptions, il se nourrit de rancune et de méchanceté, n'est éclairé par aucune lumière.

Il en va tout autrement de la volonté bienveillante. Elle peut se promouvoir et s'élargir, ne nous mettant pas en lutte avec les autres, mais au contraire en sympathie. Et elle a cette inestimable supériorité de nous désintéresser de nous-même et de nos revers, de nous ouvrir la porte hors du cachot. Ceci aussi se vérifie : on perçoit une joie, une alacrité, une jeunesse persistante chez les personnes qui pensent peu à elles-mêmes et gardent l'âme bienveillante. Et nous avons le témoignage de certaines natures assez fortes et riches pour avoir marqué dans l'ordre de l'action ou de la pensée, parvenues au don complet d'elles-mêmes ; témoignage irrécusable quand ces êtres d'élite disent qu'ils ont connu le bonheur et que ce bonheur s'est sans cesse renouvelé et ne les a jamais trahis.

Cependant, il faut ici serrer de plus près l'analyse, car sur la possibilité de la joie morale, telle que nous la faisons apparaître, une grande objection se présente. La voici : si nous nous attachons à une autre individualité qu'à la nôtre ne souffrirons-nous pas de sa misère comme de notre propre misère ? A quoi bon changer et cesser d'être égoïstes pour nous-mêmes si nous le sommes en autrui ? Ne rencontre-t-on pas souvent des êtres malheureux de leur attachement aux malheurs d'un autre être ? Comme cette objection conduit loin la pensée ! S'il n'y a que de l'individualité, la nôtre ou celle des autres, comme seule réalité et unique objet d'intérêt, où est la possibilité du bonheur ?

Menons donc la pensée jusqu'au bout, Non, il n'y a pas à aimer le prochain comme on s'aime soi-même. La disposition morale est toute autre chose que cet attachement à l'individu. Elle ne cherche pas à s'absorber dans le *vouloir-vivre* d'autrui, n'épouse pas les querelles qu'il peut avoir avec le Monde. Ce qu'elle cherche et ce qu'elle aime dans autrui, c'est ce détachement de lui-même que nous obtenons de nous-même en nous portant vers lui. Dans le criminel même c'est encore cet affranchissement et ce retour d'humanité qu'elle espère et cherche à éveiller.

La délivrance à l'égard de soi-même et, si on la peut obtenir, l'union des âmes dans cette délivrance, voilà bien, semble-t-il, la forme la meilleure du bonheur proprement humain.

Que ce bonheur soit d'une qualité spéciale, c'est vrai, puisqu'il est composé de sentiments hétérogènes à ceux du *vouloir-vivre* individuel. Par cette qualité, non par sa quantité, il est supérieur, et, à l'expérience, plus désirable. Quand, par faiblesse, on l'abandonne pour un autre, on sent bien qu'on laisse le plus pour le moins.

Nous trompons-nous dans cette définition de l'aspiration de notre être qui anime toute la vie morale et peut la rendre heureuse ? Mais, à y bien regarder, les grands philosophes moralistes, malgré les divergences de leurs systémations, sont d'accord avec cette analyse et il n'est pas vraisemblable, eux, qu'ils se trompent.

Dépouillons, par exemple, le Kantisme de ses abstractions, ou plutôt, traduisons celles-ci en quelques mots très simples. Kant ayant parfaitement médité sur ce qu'est la moralité, arrive à y voir l'effort de l'âme pour s'affranchir de l'individualité et de la nature. La bonne volonté est la seule chose bonne absolument, en elle-même, par le mode de vie qu'elle constitue. Elle tend uniquement à agir de façon *approuvable* universellement. Elle est l'intention parfaitement impartale, n'ayant d'autre fin que son impartialité et son désintéressement, quand elle se donne un objet d'action. Et toutes les bonnes volontés, ayant cette fin, sont donc identiques, ne font intérieurement qu'une même volonté. Sous cet idéal que nous poursuivons sans en avoir une claire conscience, ce qu'on trouve, c'est donc affranchissement et communion.

L'idée est encore plus explicite et plus proche de nous chez Auguste Comte, le si humain philosophe, notre plus grand du XIXᵉ siècle. Comte cherche le bonheur ; il le cherche éperdûment dans cette époque sociale dont il sent tout le trouble intellectuel et la tristesse morale, et ses expériences personnelles comme sa réflexion sur la réalité humaine, le lui font découvrir dans l'instinct altruiste qui seul peut s'épanouir sans limites. On n'est heureux que si l'on aime pleinement l'Humanité. Cet amour peut se déployer dans des champs différents : on peut travailler au progrès matériel et à la satisfaction des besoins collectifs, en prenant conscience qu'on participe à la « *Providence matérielle* » de l'Humanité ; travailler au progrès intellectuel, de valeur supérieure, non parce qu'il nous rend maîtres des choses, mais parce qu'il fait l'unité des esprits, met nos croyances d'accord ; au dessus et à la portée de tous, s'offre le progrès moral auquel chacun contribue en travaillant à ouvrir son âme, comme à ouvrir l'âme d'autrui. Et Comte imagine tout un « *régime* » social qui diminuera les occasions de lutte et de conflit et tout un « *culte* », art raisonné des sentiments, destiné à faire jaillir en nous toutes les sources de la bonté et du dévouement. *Pour nous rendre heureux, il cherche à organiser la sympathie humaine dans ce monde.* C'est l'idée qui inspire toute sa philosophie et qui remplit sa vie. Idée très grande, si on y réfléchit, dont il faudra bien s'apercevoir qu'elle propose aux hommes l'objet dont ils ont le plus besoin pour vivre.

Nous avons laissé de côté jusqu'ici la conception religieuse des choses et avons considéré seulement le monde tel qu'il apparaît à l'expérience et à la science. La religion est la foi que, sous cette apparence et malgré cette apparence, l'Univers s'intéresse à notre destinée. Durkheim la caractérise comme la projection dans les choses de la Conscience Morale. Pour elle, il y a donc une finalité morale de l'Univers, un agencement, un ordre des choses présidé par la Conscience.

Or, poussons l'analyse au-delà et, pour cela, prenons la religion non dans son état primitif, où elle est mêlée de faux savoir, de mauvaise Physique, mais à son point le plus élevé d'évolution.

Que demande le croyant à cet ordre moral ? Non, sans doute, un salaire, une récompense étrangère à la vertu. Il en attend qu'il réalise des conditions d'épanouissement moral que l'expérience ne fournit pas. *Le royaume de Dieu, où l'on respire le bonheur, est le lieu des âmes transformées, qui ne trouvent plus en elles ni hors d'elles, d'obstacles à leur communion.*

Mais ici se pose la question infiniment délicate a traiter entre nous, peut-être impossible à ouvrir devant les élèves. Le bonheur moral peut-il être le même pour le croyant et l'incroyant. La moralité peut-elle lui offrir la même joie ? Durkheim semble avoir eu (nous n'osons l'affirmer) une opinion à ce sujet d'une logique qui surprend. Le passage de la conception religieuse de la morale, laquelle fait dépendre les devoirs de la volonté divine, à la conception positive, qui les dérive de la communauté humaine, paraît être pour lui un changement d'idées, ou, si l'on veut, de structure intellectuelle. Mais ce changement n'atteint pas nos sentiments à l'égard de la destinée ; nous continuons à sentir de même façon la valeur des devoirs. Si telle fut l'opinion du grand sociologue, comment n'y pas voir un paradoxe qui déconcerte. Et c'est bien ici, dans le sujet qui nous occupe, que la question pousse sa pointe aiguë.

Supposons l'honnête homme qui fait son devoir avec dévouement, avec sacrifice. Il y a chance qu'il ne trouve autour de lui qu'indifférence, tant l'absorption

dans la vie individuelle isole les consciences. Supposons même qu'il soit méconnu, maltraité, entouré
d'âmes aveugles et malfaisantes. L'hypothèse est si
pleine de possibilités qu'elle a été souvent, et sera
souvent, une réalité.

Le croyant a son refuge et sa consolation dans la
sympathie divine, et il sait qu'en d'autres lieux les
âmes s'ouvriront. Mais l'incroyant ? Pareil développement sentimental lui est interdit. Comment le contester ! Sa moralité est-elle donc exposée aux mêmes
défaites que son *vouloir-vivre* égoïste ? Où est son
refuge, puisqu'il est solitaire ? Et comment sauvera-
t-il son bonheur moral ?

On le dit; — et pourrait-on dire autre chose? il a la
satisfaction de se justifier vis-à-vis de lui-même, sinon
vis-à-vis des autres. Il sait qu'il a raison et que les
autres l'approuveraient s'ils étaient plus détachés
d'eux-mêmes ou plus clairvoyants. Il est un peu
comme un mathématicien, qui aurait découvert une
capitale vérité et saurait cependant qu'au siècle des
siècles l'humanité ne la pourra comprendre.

On peut penser que ce refuge est bien sommairement meublé et que la clarté y est très pâle. Mais
cherchons encore quelles ressources il nous offre.
Cet homme seul avec sa conscience comprend la
pauvreté d'âme et d'esprit de ceux qui le méconnais-
sent, et, comprenant, il n'en peut être irrité. Il est
incapable de haine, leur sait gré de n'être pas plus
misérables qu'ils ne sont, garde son cœur bienveillant.
Et toute cette disposition l'aide à se rendre indépendant de sa propre destinée, lui permet la sérénité dans
le sentiment de sa justice et de sa bonté.

Cette attitude peut s'appeler *autonomie*, entendue
un peu autrement que ne l'entendait Kant, plus près,

semble-t-il, de la réalité possible, et comme la psychologie stoïcienne l'avait entrevue. Elle n'est pas seulement un soulagement, mais une paix et une joie pour l'âme forte. Sagesse de l'intelligence peut être autant que vertu du cœur, il lui faut de la méditation aussi bien que l'effort de la volonté. Car il est une méditation qui n'a rien de commun avec la prière du croyant mais peut, comme elle, aider à sauver, puisqu'on ne peut faire qu'il n'y ait diverses sortes de salut.

Qui sait ? Peut-être est-il bon qu'on ne rencontre pas toujours la sympathie humaine et que la vertu se heurte à des âmes fermées ou brutales. Cette expérience nous révèle et met en œuvre la force ultime qui est en nous, la force de comprendre notre destinée et de ne nous laisser pas emprisonner en elle.

Pour conclure, le détachement de soi-même et, autant qu'elle se peut obtenir, la communion des âmes dans ce détachement, n'est-ce pas la texture intime du bonheur moral, qui n'est pas, on le comprend maintenant, la récompense de la vertu ; car il est la vertu elle-même.

Ce bonheur peut faire défaut à l'honnête homme. Il y a des moments où celui-ci ne le trouve pas en lui. Il arrive que sa sensibilité se retire, descende au-dessous de l'étiage moral. Les théologiens ont vulgarisé la notion de ces déficiences de la grâce, et votre Programme lui-même a un article sur *l'Obligation et l'attrait de l'Idéal Moral*. Il est, en effet, des occasions, des périodes, où l'attrait de l'Idéal ne se faisant pas sentir, le devoir ne se révèle à la conscience que sous l'espèce austère de l'obligation. Pour parler par formule, *l'obligation est l'action exercée sur notre volonté par l'idée de valeurs supérieures non senties comme telles*. Il faut lui obéir pourtant, malgré sa sécheresse ;

il le faut, car la sensibilité en se retirant nous a laissé la certitude de la supériorité incomparable de ces grandes valeurs humaines et cette certitude rien ne peut l'arracher de notre conscience.

II

Nous n'avons parlé jusqu'ici que pour nous, les maîtres, essayant de nous retrouver dans notre expérience et de la rattacher à quelques idées générales. Mais les élèves, comment traiter avec eux la question ? Ils sont dans la fraîcheur de leur *vouloir-vivre*, qu'il faut bien se garder d'attrister prématurément . Ils ne connaissent pas les défaites de la vie, or c'est peut-être la loi inéluctable que le chemin de la souffrance soit le seul qui mène à la joie morale.

Nous sommes, à leur égard, un peu dans la situation du physicien qui enseigne l'optique à l'aveugle. L'aveugle comprend la théorie, résout les problèmes, mais n'imagine pas les couleurs. Il a une science séparée de sa matière sensible. Et nous, de notre part, risquons de communiquer des notions morales séparées de leur matière sentimentale.

Au vrai, ce sujet est du domaine de l'éducation plutôt que de l'instruction. Il s'agit ici de faire découvrir au jeune homme les vérités du sentiment, non celles de l'intelligence. La méthode efficace serait de le prendre à part, à l'occasion d'une épreuve, d'avoir sa confiance et d'essayer de transformer sa tristesse en des sentiments qu'il n'atteindrait peut-être pas tout seul. L'éducation, ainsi comprise, se confond avec l'action morale la plus élevée, pouvant s'exercer avec de toutes autres personnes que des élèves. Dira-t-on qu'il faut être bien sûr de soi pour l'exercer, et qu'il y a peut-être quelque orgueil à s'en croire capable. N'exagérons pas le scrupule et l'humilité: pour faire du bien à son semblable, il n'est pas nécessaire de lui être supérieur ; en risquant l'entreprise, on se fait du bien à soi-même et on se rend digne de l'avoir tentée.

*
* *

Mais enfin, s'il faut traiter la question dans la classe, que dire ? Peut-être vaut-il mieux ne pas la prendre systématiquement et d'ensemble, mais plutôt amener la réflexion des élèves sur quelques sujets pour lesquels la vie les a déjà munis d'expériences. La vie ne tarde pas à s'expérimenter elle-même ; de tels sujets ne peuvent donc manquer. En suggèrerons-nous quelques-uns, les faisant suivre de rapides indications ?

Par exemple, ne convient-il pas d'exercer l'utile méditation dont nous parlions tout à l'heure sur les sentiments malveillants, si touffus, tous à base de haine, qui n'assombrissent pas seulement l'âme de leur tristesse, mais la rendent impropre et réfractaire aux joies morales, et de celles-ci détruisent jusqu'au moindre germe. Par eux, par leurs familles, les jeunes gens connaissent probablement même le désir de vengeance, ayant été victimes de quelque injustice. *La haine à l'égard de la personne injuste qui vous a fait souffrir*, quel traitement convient à cette plaie envenimée ?

Une idée doit dominer toute réflexion sur la haine, c'est qu'elle se transforme en s'intellectualisant. La

haine est une réaction *utile* de la nature, car elle tend
à la défense, concentre sur elle toutes les forces. Or, il
faut se défendre ; toute défaillance de la défense est
défaillance de la raison. Mais elle est une réaction
instinctive, ignorante de sa fin. Au lieu de vouloir le
mal d'autrui comme moyen, elle le veut pour lui-
même. Elle est volonté absolue du mal. C'est ce qu'il y
a d'affreux en elle et fait, suivant le théorème de
Spinoza, qu'elle « *s'augmente en devenant réciproque* ». Intellectualisée, elle veut la défense, accepte le
mal, mais ne le désire pas pour lui-même ; elle prend
conscience de sa finalité.

Mais cette transformation de la nature, nécessaire
à la joie morale, combien elle est difficile à accomplir ! Qu'elle est faible la prise de la pensée sur
l'instinct !

Le jeune homme a souffert de l'injustice. Portons
son imagination sur les victimes innombrables de
l'injustice, sur tant d'existences meurtries. Cela suffit
pour qu'il sorte de son isolement ; cette sympathie
dissout déjà l'âpreté de son ressentiment. La délivrance commence.

Ce n'est qu'un premier pas, qui dispose au second.
Tâchons que le jeune homme arrive à *comprendre*
l'injuste, — et comprendre une réalité psychologique,
c'est la vivre. S'il se transporte dans cette âme sans
lumière, incapable d'affection, mais capable de vouloir
la douleur d'un autre être, peut-être alors pourra-t-il
s'écrier : Non, je ne voudrais pas être lui !

Que le désir de vengeance tombe, et, comme ressort
de la défense, c'est le sentiment du droit qu'il faut
faire intervenir, prenant la place de la haine. Le droit
n'est, le plus souvent, que le déguisement de la colère :
une colère qui se rend présentable. Mais si on l'éprouve

dans sa plénitude, il est le sentiment moral lui-même :
l'appel d'une âme qui invite une autre âme à venir la
rejoindre sur un terrain commun.

Que cette attitude ne désarme pas l'adversaire, il se
peut, et il s'y faut attendre. Mais si l'on doit frapper
et rendre le mal pour le mal, du moins sera-ce sans se
rétrécir et se perdre dans la méchanceté.

Sur ce thème, quelques méditations de Mœterlinck
sont peut-être les meilleures pages de son livre « *La
Sagesse et la Destinée* ». Il prend occasion du roman
de Balzac « *Pierrette* » (dans la série des « *Céliba-
taires* ») : une petite orpheline Bretonne, élevée
d'abord par ses grands parents qui ouvrent son cœur
à l'amour, puis tombée aux mains d'un oncle et d'une
tante, merciers retirés des affaires, durs, mornes, ins-
tinctivement haineux. Les raisons d'argent s'y mêlent ;
le lent supplice se poursuit jusqu'à la mort. C'est le
triomphe tranquille de l'injustice.

Que vos élèves, si vous me permettez ce conseil,
lisent donc ce roman plein de la plus amère réalité.
Il n'y a rien de plus salubre que la réalité quand un
grand visionnaire nous la découvre mieux que, de
nous-mêmes, nous ne saurions la voir ; mais qu'ils
suivent, sans tarder, et dans leur première émotion, le
développement de pensée et de sentiment par lequel le
moraliste la transforme pour en faire un aliment de sa
vie morale.

Il est un autre sujet, inévitable, il me semble, celui-
là, quelque besoin que chacun éprouve de le garder
dans l'intimité de sa pensée.

Les jeunes gens, généralement, ont fait très tôt la grande expérience, celle qui est destructrice de tout bonheur : l'expérience de la mort de ceux qu'on a aimés. C'est entre nous, entre gens de notre âge, qu'il vaudrait mieux s'en taire. Mais une éducation qui veut aider les autres à vivre peut-elle ne pas parler de la mort ? Une éducation morale peut-elle ne pas parler de la mort, quand le rapport est si étroit entre la mort et la vie morale. Sans la mort, y aurait-il une vie morale ? Le *vouloir-vivre* serait si triomphant, si insolent, qu'il la secouerait comme une poussière importune.

La mort d'un être aimé l'ébranle jusqu'à son dernier fondement ; elle l'abat. Et, l'ayant abattu, elle étend sa lumière sur tout le champ de la destinée. Nous voyons notre mort future ; nous voyons notre mort incessante, notre *moi* qui, avec tous ses sentiments et ses pensées les plus chaudes, morceau par morceau, tombe dans l'abîme. L'immense empire de la mort se dévoile. Que faire ?

La tendance naturelle du *vouloir-vivre* est de se sauver de cette entrevue avec la mort et de se redresser par l'oubli. Il a une prodigieuse faculté d'oubli ; il fuit, d'instinct, la pensée de ce qui n'est plus, parce que cette pensée est son dissolvant et qu'elle le détruit.

On cède facilement à cette tendance, surtout quand on est jeune ; on lui cède parfois par réflexion ; et il le faut bien, car, en quelque mesure, l'oubli est la condition de la vie. On sent pourtant qu'elle est la plus triste abdication, qui fait crier en nous l'âme même de l'humanité. Cette abolition du passé et de ceux qui l'ont peuplé et du *moi* qui l'a animé est le coup d'autorité de l'égoïsme qui se désolidarise et oublie tout pour n'être que lui. Ce n'est pas sans raison que la conscience morale, dès l'origine, sous sa forme religieuse comme sous toutes ses formes, a toujours eu ce sentiment et prescrit des devoirs de commémoration, comme les plus impérieux des devoirs.

Il y a la tendance contraire à celle du *vouloir-vivre :* se retirer dans le souvenir, soulever et tenir fortement le passé hors de l'abîme. Certes, il est heureux que des âmes blessées trouvent là leur ressource. Pourtant, il faut bien en convenir, cette tendance est un effort impuissant. Il ne peut faire que ce qui n'est plus soit encore, et il empêche de vivre dans la seule région où la vie soit possible, savoir le présent.

Tendances également désespérées, et les deux formules, celle de Spinoza « *La Vie est une méditation de la vie* », et celle de Platon, « *La Vie est une méditation de la Mort* », sont, prises dans leur lettre, également inacceptables ; elles ne répondent pas à la réalité qui n'est ni la vie ni la mort, mais du *devenir*, mélange de l'une et de l'autre.

La finalité secrète du souvenir est de servir à mieux vivre. Loin de repousser la souffrance de ce qui n'est plus, il faut l'entretenir, car, brisant la poussée du *vouloir-vivre*, avec une incomparable puissance elle nous porte à nous rapprocher des vivants et à les rapprocher de nous. La pensée de la mort peut être l'ouvrière d'un état de communion humaine incomparable qui fait vivre par delà la vie et la mort.

Et il faut vraiment que le *vouloir-vivre* soit terriblement vigoureux et résistant pour que la mort n'ait pas libéré et adouci davantage l'âme des hommes, qu'elle ne lui ait pas donné le goût plus profond des joies morales.

**

Excusez-moi de m'être attardé sur ces sujets où chacun sait ce qu'il peut dire et n'a de leçon à recevoir de personne.

J'ai fait mention, chemin faisant du livre de Mæterlinck. Tout entier consacré à la question qui nous occupe, comment ne pas en tenir compte, ou au moins s'en souvenir. Vous connaissez tous « *La Sagesse et la Destinée* ». Chacun a sa réaction propre à l'égard de cette œuvre. Si vous me permettez d'indiquer la mienne, la voici :

Œuvre de poète, il faut en convenir ; ce qui ne va pas sans inconvénient. Poète, l'auteur, souvent, imagine et joue en quelque sorte des sentiments qu'on ne peut vivre réellement qu'en de certains moments privilégiés. Il ne porte pas un regard froid sur les conditions que la réalité fait à la joie morale, — plus ingrates conditions qu'il ne le croit. Cette liberté morale qu'il dépeint admirablement, il n'en voit pas toutes les difficultés d'accès, il ne mesure pas notre misère et combien nous sommes opprimés par les circonstances.

Mais ce poète nous découvre des terres inconnues qui sont en nous et que nous y trouvons si nous les cherchons. Le plus beau livre de morale personnelle qu'ait donnée la pensée non religieuse. En connaissez-vous un autre à mettre au même plan ?

Il a cette originalité de ne parler de moralité que du point de vue du bonheur ; il nous entraîne vers elle par la joie, plus bienfaisant en cela que celui qui montre seulement le froid visage de l'obligation. On y trouve des phrases comme celle-ci : « Le plus heureux

» des hommes est celui qui connaît le mieux son
» bonheur ; et celui qui le connaît le mieux est celui
» qui sait le plus profondément que le bonheur n'est
» séparé de la détresse que par une idée haute, infa-
» tigable, humaine et courageuse ».

Puis, cette idée l'accompagne de la première à la
dernière page : l'Univers est sans doute indifférent à
la justice, mais la justice la plus stricte règne dans la
vie de l'âme. Tout acte ou toute pensée de justice,
d'indulgence, de bonté, nous élève à une félicité plus
haute ; tout acte et toute pensée d'injustice et de
haine, même si nous sommes inaccessibles au remords,
accroît notre misère et nous prive de joie. — Cette
idée est-elle vraie ? Il le semble, et que l'expérience
la confirme. Si elle est vraie, elle est la vérité fondamentale. Et c'est sur elle que je vous propose de
conclure.

L'ESPRIT SCIENTIFIQUE

Conférence de M. Edmond GOBLOT

professeur à l'Université de Lyon

Mesdames,

Messieurs,

Je ne m'engagerai pas ici dans les difficultés que
soulève la définition de la Vérité. Qu'il me suffise de
vous signaler que l'on se met dans le plus grand
embarras si l'on définit la vérité, *la conformité de la
pensée avec la réalité.* Car, comment s'assurer d'une
telle conformité sans une confrontation des deux
termes, l'idée et la chose, la connaissance et l'être, la
pensée et le réel ? Or cette confrontation est impossible, puisque nous ne saisissons la chose que dans
l'idée, l'être que dans la connaissance, le réel que dans
la pensée. Pourtant, comme on ne peut parler de
science et de connaissance vraie en général sans s'être
mis d'accord sur ce qu'on entend par vrai, je vous
proposerai, sans la justifier, une définition. La vérité,

c'est la *nécessité* et *l'objectivité* du jugement. Je dis que mon jugement est vrai lorsqu'il m'est impossible de ne pas juger et de juger autrement, lorsqu'en outre tout autre esprit, placé en présence des mêmes objets, se verrait dans la nécessité de juger de la même manière. D'après cette définition, la vérité dépend uniquement des conditions psychologiques du jugement, des causes ou raisons qui le déterminent, et ne dépend nullement d'une réalité extérieure à la pensée, à laquelle elle serait dans l'impossible obligation de se conformer.

Le jugement peut être nécessaire dans deux sortes de cas :

1° Lorsqu'il se borne à exprimer, sans y rien ajouter, une donnée immédiate de l'expérience. Nous l'appelons alors *jugement de fait*, et la contrainte qui l'impose à l'esprit est la *nécessité empirique* du jugement.

2° Lorsque ne pas juger ou juger autrement serait contester d'autres jugements que nous avons préalablement admis, en un mot, se contredire. Nous l'appelons alors *conséquence*, et la contrainte qui l'impose à l'esprit est la *nécessité logique*.

Nous n'avons le droit de dire qu'un jugement est vrai que lorsqu'il est empiriquement ou logiquement nécessaire.

Mais il ne suffit pas qu'un jugement s'impose ou paraisse s'imposer irrésistiblement à mon esprit. Mille erreurs, entr'autres les superstitions, s'implantent dans l'esprit si fortement que le sujet déclare de bonne foi qu'il lui serait impossible de ne pas y croire. Il faut encore que le même jugement ait la même valeur pour chacun de nous, pour tout esprit humain, disons même pour tout esprit, au cas où il y aurait d'autres esprits que ceux des hommes. Cette qualité, on l'appelait autrefois *universalité* ou valeur universelle du jugement ; mais le mot ayant aussi un autre sens (1), on préfère souvent lui donner le nom d'*objectivité*. C'est la vie sociale, notamment la faculté du langage, qui nous incite à rechercher l'objectivité de nos jugements. Il n'y aurait pas de vérité, il n'y aurait que des croyances pour un esprit isolé ; il n'y a de science que pour des êtres qui parlent. Nous pouvons, nous devons même, chacun pour soi, chercher à nous faire sur toute sorte de choses, les opinions personnelles les plus raisonnables et pratiquement les plus avantageuses. Ces opinions ne méritent pas le nom de science ni celui de vérité si elles ne sont valables que pour nous-mêmes. Lorsqu'après un examen consciencieux nous prenons parti sur une question de foi, sur le sens de la vie, sur quelqu'un de ces problèmes grands ou petits auxquels il faut une solution, si nous adoptons une opinion parce qu'elle nous rend plus heureux, parce qu'elle nous calme, nous rassure ou nous console, parce qu'elle met de l'ordre dans notre conscience ou fortifie notre volonté, nous n'avons aucun droit de vouloir y ranger les autres ; une conviction personnelle et subjective peut être très sage, mais il ne convient pas de dire qu'elle est vraie.

L'objectivité est d'ailleurs une conséquence de la nécessité, à la condition que le jugement de fait soit

______

(1) Il désigne aussi une propriété formelle du jugement. Un jugement est universel quand l'attribut est affirmé ou nié de tout ce qui est désigné par le sujet, ou quand le conséquent est exigé ou exclu par tous les cas de l'hypothèse. Au jugement universel s'oppose le jugement *particulier*. La *forme* universelle ou particulière du jugement est indépendante de sa *valeur*.

un *pur* jugement de fait et que la conséquence soit
une *pure* conséquence, en un mot qu'il y ait vraiment
nécessité logique ou nécessité empirique. Cette condition est difficile à réaliser.

Par essence, l'expérience est subjective. Je ne connais que la manière dont je suis affecté par les choses.
Il n'est pas du tout certain que nous soyons affectés
de la même manière par les mêmes excitants externes;
il y a des cas où, certainement, nous ne le sommes pas.
Si un daltonien ne distingue pas le rouge du vert,
couleurs si opposées, si contrastantes pour un œil
normal, couleurs complémentaires pour le physicien,
chacune d'elles étant composée des radiations simples
qui manquent à l'autre, c'est que l'œil daltonien perçoit
autrement que l'œil normal les radiations correspon-
dant soit au rouge, soit au vert du physicien, soit à
tous les deux. Le physicien, en sa qualité de savant,
a cherché une détermination *objective* des couleurs
élémentaires et l'a trouvée, non dans les qualités de
sensations, mais dans l'*ordre* et la *place* des raies du
spectre, c'est-à-dire dans l'inégale réfrangibilité des
radiations simples.

Sans doute, il n'y a pas d'information plus sûre pour
chacun de nous que le témoignage *immédiat* de sa
conscience. Je vois, j'entends, je touche : il n'y a pas
de jugement plus nécessaire que celui qui exprime,
sans y joindre aucune interprétation, ces données
immédiates. Mais, d'une part, Bergson a montré
combien il est difficile de retrouver dans leur pureté
ces données immédiates, à travers tout ce que l'éducation des sens, les traditions du langage et l'utilisation pratique y ont superposé pour les traduire, les
expliquer, les appliquer. D'autre part, ces données
pures, ces *intuitions* qui sont tout ce que nous pouvons

saisir de *réel*, ne sauraient mériter le nom de *vraies*, parce qu'elles sont subjectives. C'est même une question, qui n'est pas encore complètement élucidée, que de savoir si et comment la psychologie peut être une science : elle ne saurait ni se passer de l'introspection, ni s'en contenter.

Mais il y a, entre les données empiriques, des relations, particulièrement des relations d'espace et de temps, qui sont nécessairement les mêmes pour tout observateur ; ce sont elles qui sont objet de connaissance vraie. Aussi, c'est une vérité de fait qu'il est maintenant — je suppose que cette horloge va bien — 10 heures 23 minutes. Cela veut dire que, si nous parcourons le cercle des minutes à partir du point origine, nous rencontrons l'aiguille des minutes après avoir rencontré la 23ᵉ division et avant de rencontrer la 24ᵉ ; si nous savons compter, nous devons pouvoir nous mettre d'accord sur ce point. Le *fait scientifique* n'est pas la qualité de sensation, l'impression toute subjective que nos sens reçoivent, mais les cadres spatiaux et temporels dans lesquels se rangent ces impressions subjectives.

L'expression de « fait scientifique » peut sembler un pléonasme presque ridicule. Il n'y a pas deux sortes de faits : ceux que la science considère et ceux dont elle se désintéresse. Son ambition, son rêve idéal serait de rendre compte de tous les faits dont se compose l'Univers. En ce sens, tous les faits sont scientifiques. Mais tout fait n'est pas scientifiquement constaté. Spontanément offert ou artificiellement provoqué, un fait est scientifique quand il se présente dans des conditions telles que tout observateur placé en sa présence devra porter le même jugement.

Un jugement de raisonnement est une conséquence

pure quand il est déterminé *complètement* et *exclusi-vement* par d'autres jugements. Nous pouvons nous sentir contraints de juger, incapables de juger autre-ment, sans que notre jugement soit nécessaire. Le fana-tique, par exemple, a l'expérience d'une telle con-trainte et déclare volontiers qu'il lui serait impossible de ne pas croire ce qu'il croit. Son jugement est psychologiquement nécessaire en vertu du détermi-nisme ; pour qu'il jugeât différemment, il faudrait qu'il eût un autre tempérament, un autre cœur, qu'il eût fait d'autres expériences, subi d'autres influences. Mais son jugement n'est pas logiquement nécessaire, car il s'explique en partie par des causes qui ne sont pas des raisons. Dans la délibération volontaire, on distingue des *mobiles*, sentiments, inclinations, ten-dances, instincts, habitudes, tous phénomènes affectifs et dynamiques, — et des *motifs*, idées, jugements, raisonnements, phénomènes intellectuels. Le jugement est tout-à-fait assimilable à un acte, déterminé par des motifs et des mobiles, et l'examen qui précède le juge-ment réfléchi ne diffère pas d'une délibération de la volonté. Quand les motifs suffisent à déterminer le jugement, on les appelle des *raisons*. Un motif n'est pas une raison quand il laisse place à un autre juge-ment possible, quand il ne détermine le jugement qu'avec le concours de quelque autre cause, par exemple une inclination du sentiment. Pour qu'il y ait nécessité logique, il faut que le jugement soit l'œuvre de l'intelligence seule. Le savant discerne le vrai du faux comme le juge discerne le juste de l'injuste, comme l'honnête homme discerne le devoir : en jugeant avec impartialité. Qu'il s'agisse de science, de droit ou de morale, l'impartialité, c'est l'indépen-dance du jugement, c'est-à-dire *l'isolement de l'intel-*

ligence. Quand les faits intellectuels sont complètement et exclusivement déterminés par des faits intellectuels, ils le sont de la même manière pour tous les
esprits, ils ont une valeur objective.

L'esprit scientifique est l'ensemble des qualités qui
rendent capable d'aborder avec succès l'étude des
sciences et de contribuer, le cas échéant, à leur accrois-
sement. Ce n'est ni le génie, supériorité tout-à-fait
éminente, tout-à-fait exceptionnelle, où d'heureux dons
naturels tiennent une place prépondérante, ni le
talent, supériorité moins rare, moins tranchée et en
grande partie acquise. L'esprit scientifique ne suppose
rien qui ne soit à la portée de toute tête saine. Autrement la science n'aurait pas de valeur universelle ;
elle ne vaudrait que pour ceux qui auraient une tête
de savant. Si la science doit être objective, on ne
saurait faire de l'esprit scientifique une aptitude spéciale de certaines intelligences.
Il y a certes des inégalités entre les esprits, puisque
les uns découvrent des choses dont les autres ne s'avi-
sent point. Descartes dit que « la pensée prompte, la
mémoire ample et présente, l'imagination nette et
distincte sont les seules qualités qui servent à la perfection de l'esprit » ; il ajoute qu'à cet égard « son
esprit n'est pas plus parfait que ceux du commun ».
On conçoit aisément que ceux qui pensent plus vite,
qui ont des images plus nettes et qui sont mieux servis
par leur mémoire puissent abattre plus de besogne en
le même temps que les autres. Les tâtonnements étant
abrégés, les fausses routes plus vite explorées, ils
arrivent plus tôt aux idées justes, les déblaient et les
saisissent plus prestement. Mais la science n'exige pas
qu'on aille vite: les esprits lents et moins bien outillés

peuvent prendre leur temps. L'esprit scientifique est donc à la portée de tous ; il manque surtout à ceux qui n'ont pas à un assez haut degré la curiosité de connaître, la soif de l'évidence et la phobie de l'erreur.

A vrai dire, c'est moins un ensemble de qualités permanentes qu'une *attitude* qu'il faut prendre quand on cherche la vérité, attitude que le savant lui-même n'est pas tenu de garder sans cesse, à laquelle il lui serait sans doute impossible de se tenir sans rémission. Car ce n'est pas une attitude naturelle ; elle est contrainte, anormale, presque paradoxale. Des êtres de chair et de sang, tout imprégnés d'émotions, dont l'activité est faite en grande partie d'instincts et d'habitudes (les humains étant, en somme, des animaux), peuvent bien se comporter presque continuellement en êtres intelligents, mais ils ne peuvent qu'avec effort et par intervalles se comporter comme des intelligences pures. Il faut, pour cela, se surveiller et se contrôler minutieusement, examiner une par une chaque démarche de sa pensée pour s'assurer qu'elle a sa détermination complète soit dans des données immédiates de l'expérience, soit dans des jugements antérieurement admis. Quelques considérations sur le rôle de l'intelligence dans la vie humaine feront ressortir ce que cette attitude a de forcé.

L'activité d'un être vivant en général est faite de réactions aux actions que le milieu exerce sur lui. Comme il est un système organique parfaitement clos et limité dans l'espace, son individualité organisée fait qu'il a des réactions propres, fort différentes de celles d'un minéral. Nous n'avons pas, dans l'état présent de la science, le droit d'affirmer que ces réactions, même chez le végétal, soient toutes et exclusivement d'ordre physico-chimique, mais celles dont l'analyse expérimentale a pu nous faire pénétrer le mécanisme ne nous ont encore montré que des réactions physico-chimiques. Il est vrai qu'il y reste toujours de l'inconnu : la vie n'a pas cessé d'être pour nous un mystère. Chez les animaux, la sensibilité, c'est-à-dire d'une part des sensations, accompagnées de plaisir ou de douleur, d'autre part, des appétits et des répugnances, s'interpose entre certaines excitations et les réactions correspondantes. Nous n'avons pas ici à discuter si le plaisir et la douleur sont primitifs, les appétits et les répugnances consistant à rechercher l'un et fuir l'autre, ou si, au contraire, les appétits et répugnances sont primitifs, le plaisir résultant de la tendance satisfaite, la douleur de la tendance contrariée. Nous ne disons pas non plus que toute l'activité de la vie animale comporte de la sensibilité, consciente ou non. Nous disons seulement que nous voyons apparaître dans la vie animale des réactions qui ne se produiraient pas ou se produiraient autrement si l'animal ne sentait pas, qui cessent effectivement de se produire quand il est insensibilisé.

L'animal qui paît évite certaines plantes dont l'odeur lui répugne, est attiré par d'autres dont l'odeur lui plaît ; d'ordinaire, les premières sont nuisibles, les secondes nourrissantes. Si d'aventure il a mordu à la plante vénéneuse, une saveur désagréable le détourne de la manger. Deux sens montent successivement la garde à l'entrée du tube digestif et le défendent contre l'empoisonnement. La sélection naturelle rend compte de cette concordance entre l'appétissant et l'utile, entre le répugnant et le nuisible. L'une des difficultés de l'acclimatation est que cette adaptation de la sensibilité de l'animal au nouveau milieu dans lequel il se trouve transporté est souvent fort imparfaite.

La sensibilité et surtout l'intelligence apportent une économie énorme d'activité et même d'existences. Elles permettent des adaptations plus complexes et plus parfaites du vivant à son milieu et, par suite, une vie incomparablement plus riche et plus variée. Mais l'une et l'autre sont naturellement engagées dans l'action ; la perception, le jugement, le raisonnement sont des moments d'une activité totale, qu'il faut considérer dans son ensemble : c'est une activité avertie. L'ordre de la nature est d'agir raisonnablement, sagement, avec prévoyance ; ce n'est pas d'agir par l'intelligence seule et pour elle seule. Car l'intelligence, ce sont, en somme, des appétits et des répugnances dont l'objet est plus ou moins lointain au lieu d'être immédiat, ce sont des actes suspendus, ajournés ou réprimés à cause de la répugnance du sujet pour leurs conséquences prévues, des actes choisis, préférés, voulus, à cause de l'appétit du sujet pour leurs conséquences. La pure affectivité est impulsive et ne détermine l'action que vers des fins immédiates ou très prochaines. L'affectivité intelligente est capable de renoncements et poursuit des fins d'autant plus lointaines qu'elle est plus clairvoyante ; mais toujours, intimement mêlée à la vie affective et occupée à la servir, l'intelligence ne fait que mieux assurer la satisfaction de l'inclination et lui épargner de fâcheuses tentatives.

C'est pourquoi nous voyons si souvent les esprits des hommes s'ouvrir aux croyances qui leur plaisent, se fermer à celles qui leur répugnent. C'est l'attrait des idées qui les persuade, beaucoup plus que la raison : or l'attrait des idées, c'est le bien-être que procure

leur adoption ou les avantages qu'on en escompte.
M. Lévy-Bruhl a décrit dans deux livres célèbres la
mentalité prélogique des non-civilisés ; on la retrouve,
avec des différences, chez les enfants et chez les igno-
rants. Encore inhabile à se conduire, peu soucieux de
rationalité, craignant moins l'erreur que la peine, tour
à tour téméraire et timide, crédule et défiante, la
pensée des primitifs est comme imprégnée d'affectivité et juge des choses d'après les émotions qu'elles
suggèrent. Des missionnaires européens édifient une
église avec un clocher, des ingénieurs tendent des fils
télégraphiques. Ces formes insolites, cette pointe
effilée qui perce le ciel, cette fine ligne qui coupe la
plaine, leur font l'effet de maléfices. Un homme se tue
par accident, une jeune fille, en puisant de l'eau, est
emportée par un crocodile. Ces faits n'ont rien de
mystérieux ; on sait comment ils se sont passés ; on a
tout vu. Mais la famille de la victime ne se contente
pas d'explications naturelles qui ne lui donnent
aucune satisfaction. On imagine quelque sortilège,
quelque envoûtement, et l'on y croit parce qu'ainsi on
aura quelqu'un sur qui exercer sa vengeance. La mentalité prélogique est peu sensible à l'évidence des faits,
moins encore à celle des raisons, quand le sentiment
n'y trouve pas son compte, et accueille les imagina-
tions les plus absurdes quand elles peuvent se traduire
par un acte de passion. Car la pensée tend, avant tout,
à l'action.

On trouve chez le civilisé adulte et instruit une
pensée plus raisonneuse et plus raisonnable ; cependant Ribot, qui prend parmi nous ses sujets d'étude,
a mis en relief l'énorme prédominance des éléments
affectifs sur les éléments intellectuels dans le dyna-
nisme de la vie. L'idée d'une *science*, c'est-à-dire d'une

pensée se suffisant à elle-même, libérée de toute
influence étrangère et n'ayant pour fin que le vrai,
n'est apparue qu'en un lieu et en un temps dans
l'histoire de l'humanité. L'esprit scientifique fut
le trait le plus caractéristique et le plus original
d'une race éminemment supérieure : tout le génie de
la Grèce antique est là. D'autres peuples, en d'autres
temps, ont eu de magnifiques épanouissements, jamais
par une nouvelle invention originale, toujours par les
modèles grecs retrouvés (1).

L'Esprit scientifique, c'est le *désintéressement* et
l'*impartialité* de la pensée. Le désintéressement est
relativement facile. Il consiste à faire de la vérité une
fin, tandis qu'elle n'est qu'un moyen tant que la
pensée reste engagée dans l'action. Comme il appert
que l'action sera bien ou mal dirigée selon que la
pensée est vraie ou fausse, on peut ajourner provisoi-
rement ou même exclure toute préoccupation de
l'usage qu'on pourra faire de la vérité découverte, et
ne s'attacher qu'à la découvrir. D'ailleurs on ne
demande pas au savant de mépriser les applications
de la science, comme l'avare prend pour fin l'acqui-
sition de l'or et s'en refuse l'usage. Pasteur, dont chaque
découverte fut un bienfait pour l'humanité, n'a pas
cherché la science exclusivement pour la science ;
cette admirable vie fut animée tout entière de la
passion la plus généreuse et la plus ardente. Mais, au
cours de son travail, il n'avait assurément d'autre fin

(1) Les Romains les reçoivent directement de la Grèce
conquise, le haut moyen-âge les reçoit des Romains, les Arabes des Grecs par l'intermédiaire des Syriens, le xiiie siècle
par l'intermédiaire des Arabes et des Juifs chassés d'Espa-
gne, la Renaissance et toute l'Europe occidentale par l'intermédiaire des Grecs chassés de Constantinople, le monde
entier par l'intermédiaire des Européens.

que le discernement du vrai et ne souffrait aucune interférence étrangère parmi les raisons déterminantes de ses jugements.

L'impartialité est plus difficile. En fait, nous n'avons jamais la tête froide. Nous ne penserions plus si nous étions indifférents à l'égard de nos idées. Elles ont toujours une tonalité affective. Tantôt il faut se défendre contre leur séduction, tantôt c'est presque un acte de courage que d'oser les regarder en face. Combien de gens ne savent faire ni l'un ni l'autre ! En outre, elles sont presque toujours liées à de puissants intérêts. Lorsqu'après de longues recherches, le savant arrive enfin à la constatation finale qui décidera si son hypothèse est vraie ou fausse, comment ne serait-il pas ému ? Si l'expérience est positive, il a fait une découverte ; c'est le succès, c'est peut-être la gloire, peut-être la confusion d'un adversaire, peut-être la richesse. Si l'expérience est négative, tout est à recommencer. Lorsque Pasteur, à vingt ans, encore élève à l'Ecole normale, arriva à la fin de ses expériences sur les acides tartriques, sa vue se troubla, ses mains tremblèrent. Incapable de continuer son travail, il sortit du laboratoire et, avisant un camarade, il lui cria : « Viens ! j'ai peut-être fait une découverte ; mais je suis tellement ému que je ne peux plus regarder dans le polarimètre ! »

La vie intellectuelle est pleine d'émotions qui vont souvent jusqu'au drame. Il n'est ni nécessaire ni possible que ces émotions soient supprimées ou simplement réprimées ; il faut et il suffit que le jugement soit soustrait à leur influence. Voici comment cela est possible :

Notre pensée est presque constamment double ; je crois, pour ma part, qu'elle l'est tant que nous sommes éveillés, que cette dualité n'est autre chose que ce qu'on appelle la conscience, et que c'est la principale différence entre la pensée de la veille et celle du sommeil. (1). Il y a en nous, simultanément, deux pensées dont l'une fait l'autre. Tandis que je parle, le tissu de pensées que mon langage exprime forme un tout lié, cohérent, qui, à moins d'une inadvertance, se suffit à lui-même : autrement je ne me ferais pas comprendre. Mais il y a dans mon esprit, pendant que je parle, une pensée que je ne communique pas et qui élabore celle que je communique. Appelons-les la *pensée-pensée* et la *pensée-pensante*. Tandis que je parle, je pense à dire ceci et à taire cela, à dire ceci après cela et avant cette troisième chose ; je choisis les mots et je construis les phrases. En même temps, j'observe les attitudes, les visages, les yeux de mes auditeurs ; je tâche de savoir ainsi s'ils sont intéressés ou ennuyés, persuadés ou réfractaires, si j'ai su me faire comprendre ou non, si je dois insister encore ou passer outre. Par instants aussi je consulte l'horloge et, selon ses indications, je m'étends ou j'abrège. Ceux qui se défient de leur pouvoir d'improvisation ont soin de faire d'avance le travail de la pensée-pensante afin de n'avoir plus à faire en parlant qu'un effort de mémoire ; mais, pendant qu'ils préparaient leur discours, la dualité de la pensée-pensée et de la pensée-pensante était dans leur esprit. Elle y est toujours ; seulement la pensée-pensée n'est pas toujours assez bien faite pour être détachée et présentée à part.

Tout travail scientifique exige que la pensée-pensante vérifie une par une toutes les articulations de la pensée-pensée, en examine un par un tous les juge-

____

(1) Goblot. Analyse d'un rêve. *Rev. pphique*, janv. 1922.

ments sans en laisser passer un seul, pour s'assurer qu'étant soit empiriquement soit logiquement nécessaire, il est objectivement valable. Or, le moyen pratique de s'assurer qu'une chose est nécessaire est d'y résister et, quand cette chose est un jugement, de le mettre en doute, c'est-à-dire d'essayer le jugement *contradictoire*. (1). Si le jugement contradictoire est possible, le premier jugement n'est pas nécessaire.

Ainsi la pensée-pensante s'applique à tout instant à détruire la pensée-pensée en même temps qu'elle la produit, comme on s'assure de la solidité d'un tissu en essayant de le rompre. Et l'épreuve doit porter sur chaque maille. C'est ce que Descartes a appelé le *doute méthodique*, et ce qu'on appelle aujourd'hui l'*esprit critique*. Quand l'application au travail est intense, la pensée peut être triple : derrière la pensée-pensante qui construit la pensée-pensée, veille une troisième pensée qui s'assure de la solidité de chaque résultat. Tandis que la seconde pensée, qui est inventive et créatrice, doit être libre, hardie et même aventureuse, la troisième est sévère, prudente, timide. L'une produit, l'autre supprime. Il est bon d'ajouter que la deuxième et la troisième pensées opèrent souvent alternativement, rarement ensemble.

Il ne faudrait pas croire que le doute méthodique, à force d'éliminer, restreigne et appauvrisse la pensée. Il l'enrichit ; car c'est la solidité de la connaissance qui en assure la fécondité. Une vérité découverte en fait apparaître d'autres, une erreur les masque : l'apparition du vrai est souvent un voile d'illusion qui se déchire. Socrate, qui marque un si grand progrès de l'esprit scientifique, et dont « l'ironie » est une

____

(1) Notez que je ne dis pas le jugement *contraire*.

manière de scepticisme et contient déjà le doute de Descartes, Socrate était le plus savant des hommes, au dire de l'oracle de Delphes, en ce qu'il savait qu'il ne savait rien : les autres ne savaient même pas qu'ils ne savaient rien. Descartes a soigneusement distingué son doute méthodique de celui des sceptiques : « Non que j'imitasse en cela les sceptiques, qui ne doutent que pour douter, et affectent d'être toujours irrésolus ; tandis qu'au contraire tout mon dessein ne tendait qu'à m'assurer et à rejeter la terre mouvante et le sable pour trouver le roc et l'argile. » C'est assurément à Montaigne que pensait ici Descartes. L'auteur des *Essais* se complaît dans le doute ; il s'y repose, il y trouve la paix. C'est qu'il vivait dans un temps où l'ardeur des convictions ensanglantait le monde. Eh quoi ? Vous incendiez, vous ravagez, vous massacrez pour extirper ce que vous appelez l'erreur. Êtes-vous donc si sûrs de n'être pas vous-même dans l'erreur ? « C'est attacher un grand prix à sa croyance que d'en faire cuire un homme tout vif ! » Pour lui, prenant plaisir à retourner une question pour en examiner toutes les faces et à conclure que les opinions opposées sont également soutenables et également incertaines, il se trouvait bien d'une incertitude qui l'exemptait de toute passion et de toute action passionnée. C'était le moins fanatique des hommes. Descartes, au contraire, cherche à « distinguer le vrai du faux », à « marcher avec assurance en cette vie », guidé par la vérité et la raison, et pour cela il faut rejeter tout ce qui présente quelque incertitude, tout ce que la raison n'impose pas absolument.

Mais qu'on n'aille pas parler d'un doute modéré, contenu dans de justes limites ! Le doute de Descartes n'est pas moins étendu que celui de Montaigne : il s'attaque à tout ; il dissout tout ce qu'il peut dissoudre. L'esprit scientifique consiste à douter le plus possible, à ne se rendre qu'à l'évidence ; or l'évidence, c'est l'impossibilité de douter. Le scepticisme, qui se donnait comme l'adversaire de la science, en est devenu l'auxiliaire, que dis-je ? l'ouvrier. Les sceptiques grecs ont fait d'utile besogne en élevant leur incrédulité contre le dogmatisme des écoles — péripatéticiens, stoïciens, — où se transmettaient les traditions de l'autorité magistrale. La pensée vraie est celle qui a subi l'épreuve du doute et en a définitivement triomphé. Le scepticisme est inoffensif : il ne peut nuire à la vérité, puisqu'elle est, par définition, ce sur quoi il n'a pas de prise. Le scepticisme est bienfaisant : il nous délivre de l'erreur ; il épure, nettoie, assainit, ventile, aseptise la pensée ; il sarcle le jardin de la science.

On ne doutera jamais trop.

Ce que nous savons vraiment, de science sûre et solide, est encore fort peu de chose. Trois ou quatre siècles de civilisation grecque antique, autant de civilisation occidentale moderne, ce n'est pas assez pour connaître l'Univers. Il s'en faut immensément que nous sachions tout ce qu'il faudrait savoir pour « marcher avec assurance en cette vie », comme dit Descartes. Nous ignorons encore presque tout de ce qui serait le plus utile à connaître : la vie organique et la vie de l'esprit. Aussi devons-nous trouver un complément indispensable de la règle du doute dans une très sage maxime de ce même Descartes, une « maxime provisoire » dont nous aurons longtemps besoin ! Quand la science parle, et nous dicte notre conduite, il nous en coûterait cher de ne pas l'écouter ; mais que de fois elle reste muette ! « Les actions de la vie ne souffrant souvent aucun délai », il est nécessaire, donc légitime, de prendre parti d'après des apparences, des vraisemblances, parfois même au hasard. Et il convient de ne pas s'en tenir moins constamment à de telles décisions une fois prises que si elles reposaient sur des certitudes, et de ne pas les changer pour de faibles raisons, « afin de n'être pas irrésolus en nos actions tandis que la raison nous oblige de l'être en nos jugements. »

Mais quand on a ainsi pris parti sans savoir, il faut se rappeler que l'on ne sait pas et continuer à douter. Cette alliance des fermes et constantes résolutions pratiques avec l'irrésolution des jugements est un des traits essentiels de l'esprit scientifique. Les motifs, si sensés et puissants soient-ils, qui déterminent une *décision* ne sauraient conférer à un jugement la nécessité logique qui lui manque et fonder une *assertion*. Si l'action comporte des risques, le jugement qui la dirige comporte des doutes. L'esprit scientifique proteste contre diverses philosophies récentes et contemporaines qui admettent, à côté et au-delà de la nécessité logique, quelque autre genre de certitude légitime. Une vérité qui ne serait pas science est une impossibilité, car ce que nous ne savons pas, nous l'ignorons. Il ne saurait y avoir de justification *pratique* ou *pragmatique* du jugement, mais seulement de l'action.

De tout ce qui précède, il résulte que l'esprit scientifique est essentiellement une qualité morale ; pourquoi ne dirions-nous pas : une vertu ! Il consiste à faire ponctuellement son devoir de savant ou d'étudiant, de maître ou d'élève. C'est la probité de l'esprit. L'homme qui cherche le vrai doit être aussi attentif à ne laisser passer aucune erreur, aucune possibilité d'erreur, qu'un commerçant loyal à bien tenir ses comptes. Aussi est-il à la portée de tous, comme la probité. D'autres qualités qui semblent devoir se joindre à celles que nous avons décrites, y sont déjà comprises, telles que la précision de la pensée, la rigueur du raisonnement, la solidité du jugement, même la finesse et la pénétration. Tout le monde peut être précis : c'est une affaire d'application et de soin. La rigueur et la solidité ne sont pas autre chose que la précision des ajustements logiques. La pensée est d'une qualité fine quand elle est exactement ajustée, et elle est pénétrante parce qu'elle est fine. Sans doute les intelligences sont fort inégales, mais la science, qui a la même valeur pour toutes, s'adresse à ce qui est commun à toutes. Si maintenant vous me demandez par quel privilège quelques-uns trouvent ce ce que les autres ne trouvent pas, je serai bien obligé de répondre — et en cela je croirai faire preuve d'esprit scientifique — que je n'en sais rien.

LA
DÉDUCTION ET L'INDUCTION

par M. GOBLOT

Professeur à l'Université de Lyon

Dans quelques Dialogues, qu'on a des raisons de ranger parmi les derniers que Platon ait écrits, on trouve déjà quelques essais tendant à rendre compte de la nécessité logique par les propriétés formelles des jugements. D'autre part, les raisonnements dialectiques dont tous les Dialogues contiennent des exemples, supposent le principe implicite que le vrai et le faux dépendent uniquement des rapports d'inclusion et d'exclusion des concepts. Il y a donc dans Platon un premier acheminement à la théorie du syllogisme que son disciple Aristote a magistralement exposée dans les *Premiers* et *Seconds Analytiques.* Cette théorie est si parfaite qu'elle a pu traverser les siècles sans recevoir de modifications importantes ; même la plupart des innovations qu'à plusieurs reprises on tenta d'y introduire se sont trouvées ou erronées ou inutiles. Leibniz et Kant considéraient la syllogistique aristotélicienne comme irréprochable et définitive, à l'égal de la Géométrie d'Euclide.

Cette perfection de la théorie considérée en elle-même explique sans doute l'illusion dont les philosophes ont été dupes pendant vingt-quatre siècles : en faisant la théorie du syllogisme, ils ont cru faire la théorie du raisonnement déductif.

Il faut bien appeler *déduction* le raisonnement qui, partant de propositions admises, procède, sans aucun appel à l'expérience, à des propositions nouvelles qui en sont les conséquences nécessaires. Ce raisonnement se rencontre dans toutes les sciences ; en dehors des sciences, nous en faisons souvent usage dans la vie pratique ; il est le raisonnement par excellence des mathématiques, qu'on appelle pour cette raison sciences *déductives*. Ce qui n'est pas prouvé, ce que pourtant on a admis sans contestation depuis Aristote, c'est que déduction et syllogisme soient une seule et même chose. Des doutes, il est vrai, se sont élevés, des critiques ont été formulées sur la valeur et sur l'utilité de la théorie du syllogisme, mais elles n'ont pas dissipé cette confusion. La théorie du syllogisme avait tenu la plus large place dans la philosophie du Moyen-Age ; à la Renaissance, on est généralement frappé de la vanité et de la stérilité de la scolastique. Bacon considère que de purs raisonnements ne peuvent rien nous apprendre touchant le *réel*, qu'*observer* est le seul moyen de savoir ce qui est, que l'expérience est la véritable source de toute connaissance de la nature, et, à côté de l'*Organum* d'Aristote (1), il construit son *Novum Organum*, la logique des sciences physiques et naturelles, la théorie du raisonnement inductif ; mais la déduction, toujours identifiée au syllogisme, reste pour lui la méthode de la métaphysique et des mathématiques. — Descartes dédaigne la logique formelle, mais ne la conteste pas. « Elle sert plutôt à démontrer à autrui les choses qu'on sait qu'à les apprendre ». C'est une méthode de démonstration et d'enseignement, tandis qu'il a besoin d'une méthode d'investigation et de découverte. Il ajoute, il est vrai, une autre critique : elle sert aussi, « comme l'art de Lulle, à parler sans jugement des choses qu'on ignore ». L'abus du formalisme logique avait conduit la scolastique à faire du raisonnement une opération quasi mécanique ; l'idée devait surgir de remplacer l'intelligence par une machine ; et, la valeur du raisonnement dépendant des seules relations de forme et nullement des objets sur lesquels on raisonne, le fonctionnement de la machine devait être pareillement indépendant des matières premières qu'on lui donne à transformer. On met des concepts quelconques dans les casiers de quelques cercles concentriques, on les fait tourner d'une certaine manière, il en sort une conclusion. Le majorquin Ramon Lull, ascète et poète mystique, tour à tour ermite, soldat, politique, mais toujours infatigable ennemi des infidèles, est l'inventeur de cet art enfantin, qu'il appelle le *Grand Art* (*Ars Magna*, vers 1275) ; par lui, les soldats du Christ, qui ne peuvent guère concilier les études logiques et

---

(1) Le moyen-âge a donné le nom d'*Organum* (instrument) à l'ensemble des écrits logiques d'Aristote, parce que le raisonnement est l'instrument de la science, l'outil du savant.

théologiques avec l'agitation de la vie militaire, deviendront capables, sans savoir et sans jugement, de démontrer à leurs ennemis, par arguments irréfutables, la vérité de la religion chrétienne et la fausseté de l'Islamisme.

La machine à syllogismes ne fut jamais prise au sérieux, mais elle est symptomatique d'un vice réel de la logique formelle et la critique de Descartes, qui semble n'être qu'une malice jetée en passant par le réformateur à la tradition, se trouvera, nous le verrons tout à l'heure, avoir une réelle importance. Toutefois Descartes se borne à mettre la syllogistique hors de cause, comme une chose qui ne l'intéresse pas. Ce qui l'intéresse dans la déduction, c'est l'intuition de l'évidence, c'est l'élargissement de l'intuition qui embrasse non seulement l'idée claire, mais les rapports entre les idées claires, c'est l'insuffisance de cet élargissement, qui oblige à faire appel à la mémoire. Il est probable qu'il considère encore la déduction comme une chaîne de syllogismes, mais il la décrit et la définit sans se préoccuper des syllogismes dont elle est faite.

Le plus célèbre critique du syllogisme est Stuart Mill. Il y décèle une pétition de principe : si je n'étais pas déjà certain de la conclusion, je ne pourrais l'être des prémisses, puisqu'elles la contiennent. Si je ne savais pas que le duc de Wellington, qui est homme, mourra, je ne pourrais affirmer que tous les hommes sont mortels. Il n'y a pas d'autre connaissance que la connaissance empirique, pas d'autre raisonnement que le raisonnement empirique, l'induction. Le salut de l'empirisme, la ruine du rationalisme exigent qu'on rejette comme vains jeux de l'esprit, comme fantasmagorie illusoire toutes les combinaisons de la logique pure. Mais il ne résulte pas de là que la déduction soit autre chose que le syllogisme.

Il faut pourtant bien qu'il en soit ainsi. La condition essentielle de validité du syllogisme, en laquelle se résument toutes les règles, est que la conclusion ne doit rien contenir qui ne soit contenu dans les prémisses. La conclusion « se tire » des prémisses et celles-ci « impliquent » celle-là. Parmi les 64 combinaisons auxquelles peuvent donner lieu la « quantité » et la « qualité » de trois propositions, 54 sont illégitimes parce que la conclusion « dépasserait » les prémisses. Il est donc impossible que le syllogisme soit un moyen de généralisation. Or la déduction généralise. Voici bientôt trente années, je me mis à étudier les différentes sciences, non pas certes avec l'ambition de les apprendre toutes, mais afin de rechercher par quelles relations logiques s'enchaînent en chacune d'elles les vérités dont elles se composent, et je commençai par les mathématiques. Je fus aussitôt frappé (il est impossible qu'on ne le soit pas), par ce fait que l'allure naturelle et constante de la pensée mathématique est du spécial au général. L'édifice mathématique se fonde tout entier sur les spécialités les plus restreintes, le nombre entier, la ligne droite et le plan, le mouvement rectiligne et uniforme ; il se construit en faisant constamment reposer sur des propriétés plus spéciales des propriétés plus générales. On commence par la multiplication d'un nombre d'un seul chiffre par un nombre d'un seul chiffre, puis le multiplicande est un nombre entier quelconque, puis les deux facteurs sont des nombres entiers quelconques, puis l'un des facteurs est un nombre quelconque qui peut n'être pas entier, puis les deux facteurs sont des nombres quelconques, enfin les deux facteurs sont des grandeurs qui peuvent n'être pas représentables par des nombres. Ce sont cependant encore des quantités finies ; mais le calcul infinitésimal introduit les infiniment petits, qui ne peuvent jamais être des quantités données.

En géométrie, on considère d'abord des figures spéciales : le triangle, le polygone ; le cercle, l'ellipse, la parabole ; le cube, le prisme, la pyramide ; la sphère, le cylindre, le cône ; et l'on passe constamment d'une figure spéciale à une plus générale. Le cercle est une ellipse dont les deux axes sont égaux, dont les deux foyers se confondent en un centre unique, les deux rayons vecteurs en un rayon unique. On pourrait, *par syllogisme*, tirer toutes les propriétés du cercle de celles de l'ellipse ; mais le géomètre a besoin de s'appuyer sur les propriétés du cercle pour passer à celles de l'ellipse, ce qu'aucun procédé syllogistique ne saurait permettre, puisqu'il n'autorise aucune généralisation. La géométrie des Anciens ne s'est guère occupée que des relations entre les éléments d'une même figure ; la géométrie moderne, depuis Descartes, s'élève à chercher comment une figure dérive d'une autre, par des lois si générales qu'elles s'appliquent à des figures quelconques, si bien qu'il n'est plus besoin de les décrire. Elle utilise alors les ressources de l'algèbre, mais il ne faut pas oublier qu'elle ne saurait le faire qu'au moyen de certaines constructions proprement géométriques, dont les plus connues sont les divers systèmes de projection, les transformations et les déformations. Ces figures ont pour but de construire un point quelconque de la figure projetée, transformée ou déformée et la construction est applicable à tous leurs points. La géométrie moderne

est donc très générale, tandis que la géométrie antique, sur laquelle d'ailleurs elle repose, est très spéciale (1). Bref, les mathématiques s'élèvent constamment à des généralités plus hautes. Ce caractère de
leur structure saisit l'esprit dès qu'on entre dans l'é-
difice mathématique tout aussi nettement qu'en en-
trant dans une cathédrale on voit qu'elle est faite
de piliers de pierres superposées, supportant des
voûtes qui s'équilibrent.

Il résulte de là que le raisonnement mathématique
ne se réduit pas à une combinaison de syllogismes.
Si donc on continue à donner le nom de *déduction*
au raisonnement mathématique, il faut convenir que
syllogisme et déduction ne sont pas une seule et même
chose.

J'ai exposé ces idées dans mon *Essai sur la classi-
fication des sciences* (1898), qui est ma thèse de doc-
torat. A la soutenance, M. Boutroux déclara que mes
raisons lui semblaient décisives. « Mais alors, ajouta-
t-il, dites-nous quelle est votre théorie du raisonnement déductif.

— Je n'en ai aucune, répondis-je ; j'ai montré l'insuffisance de la doctrine traditionnelle, je ne l'ai pas
remplacée ». Depuis, j'ai continué à chercher. J'ai
analysé un grand nombre de démonstrations. J'y trou-
vais toujours des syllogismes ; il n'était pas douteux

(1) Dans le détail, un théorème n'est pas toujours la généralisation d'un théorème précédent, mais établit toujours
qu'une propriété résulte nécessairement d'une *autre* propriété qui lui est hétérogène et par conséquent ne la contient pas. Ainsi, dans un triangle, l'égalité de deux côtés
entraîne nécessairement, mais ne contient pas, l'égalité de
deux angles. Le syllogisme n'explique pas plus le passage
de l'hétérogène à l'hétérogène que le passage du spécial au
général.

que le syllogisme était un élément essentiel du raisonnement déductif. Mais jamais ces syllogismes ne
s'enchaînaient directement l'un à l'autre en forme de
polysyllogismes, la conclusion de l'un servant aussitôt
de prémisse au suivant. Toujours il y avait quelque
remarque, quelque opération de l'esprit, quelque
chose qu'il était indispensable de formuler, et qui
n'était ni conclusion du syllogisme précédent ni prémisse du suivant. J'avais l'impression que les syllogismes étaient liés entre eux par une sorte de ciment,
au lieu de s'enchaîner comme des mailles. Mais je ne
découvrais pas en quoi consistait ce ciment. C'est un
matin de février de l'année 1906 que la solution se
présenta à mon esprit avec une soudaineté surprenante. La voici :

On ne démontre que des jugements *hypothétiques*,
composés d'un *antécédent* et d'un *conséquent* : si une
certaine chose est donnée, une certaine autre
l'est aussi. Or la démonstration, autrement dit le raisonnement déductif, consiste à *construire* le conséquent avec l'antécédent. Ce sont ces opérations constructives de l'esprit qui font la *fécondité* du raisonnement. La pensée raisonnante ne se borne pas à dégager et formuler à part quelque chose qui était déjà
connu, mais implicitement contenu dans une idée
plus générale ; elle est véritablement inventive et
créatrice. Seulement elle ne doit pas être arbitraire.
Pour cela, il faut et il suffit que toutes ces opérations
constructives soient des opérations *réglées*, c'est-à-dire
des opérations dont le résultat soit nécessaire : d'où
la *solidité* du raisonnement.

Par quoi ces opérations sont-elles réglées ? Quelles
sont les règles du raisonnement déductif ? Les règles
de la logique formelle ? Nullement. Celles-ci régis-

sent en effet les syllogismes ; comme il n'y a pas de déduction sans syllogismes, les règles de la logique formelle trouvent toujours leur application dans le raisonnement. Mais elles ne régissent que les syllogismes et pas du tout les opérations constructives, qui relèvent d'autres règles. En sorte que la logique formelle n'est jamais suffisante pour assurer la nécessité d'un raisonnement.

Comment admettre, en effet, qu'elle soit suffisante ? que le raisonnement puisse conclure « par la seule puissance de la forme », *vi formœ* ? que le raisonnement soit indépendant des objets sur lesquels on raisonne ? S'il en était ainsi, comment les ferait-il connaître ? Quand on démontre un théorème de géométrie, on veut connaître des relations géométriques, non des relations de logique formelle ; il faut que ce soit la nécessité des relations géométriques qui contraigne le jugement de l'esprit. On a souvent dit qu'on peut changer toutes les notions d'un raisonnement sans que sa valeur en soit altérée, pourvu que les propositions qui les contiennent restent affirmatives ou négatives, universelles ou particulières. Cela est vrai du syllogisme, qui n'est qu'un élément du raisonnement. Si c'était vrai du raisonnement, on pourrait faire de la géométrie sans considérer aucune notion géométrique et, réciproquement, il suffirait d'introduire des notions géométriques dans n'importe quel raisonnement pour en faire une démonstration géométrique valable. On pourrait, selon le mot de Descartes, raisonner sans jugement des choses qu'on ignore.

En réalité, n'en est-il pas ainsi ? Ne peut-on pas faire *le même* raisonnement sur *d'autres* objets ? Pratiquement, n'use-t-on pas de ce procédé pour mettre en pleine lumière le vice d'un argument ? Laissons de côté, dit-on, pour un moment, ces objets difficiles à manier, pleins d'obscurité et d'équivoques et faisons le même raisonnement sur des objets très familiers ; l'illogisme apparaît aussitôt, l'absurdité qui était cachée devient manifeste. — Oui, mais il faut encore que ces nouveaux objets présentent entre eux des relations identiques, sans quoi le même raisonnement ne leur serait pas applicable. On ne les prend pas au hasard, on les choisit. Ce transport du même raisonnement à d'autres objets n'est possible que quand l'objet du raisonnement n'est pas les concepts, mais leurs rapports.

Cependant l'algèbre ne fait-elle pas systématiquement abstraction des quantités qu'elle a pour but de calculer ? L'algébriste ne raisonne certes pas sans jugement, mais il raisonne sur des choses qu'il ignore, et même qu'il ignore volontairement, d'où cette boutade d'un illustre mathématicien : « C'est une science où l'on ne sait jamais de quoi on parle ». On le sait fort bien. L'algèbre n'a pas pour objet les quantités, les nombres, que l'arithmétique, une fois pour toutes, a appris à calculer, mais les diverses opérations qu'on sait faire sur les nombres. Ces opérations simplement indiquées, identiques pour des nombres quelconques, ne sont pas la forme des raisonnements algébriques, mais leur matière. L'algèbre est bien une science de pures formes, mais de formes algébriques et non pas de formes logiques. Son objet, les relations mathématiques, est distinct des relations logiques qui constituent ses raisonnements. Or, il est impossible de transporter la forme d'un raisonnement algébrique à des objets qui ne seraient pas mathématiques.

La logique formelle ne contient donc que les règles

des syllogismes ; elle ne fournit pas les règles des opérations constructives qui ne sont pas moins essentielles au raisonnement que les syllogismes. Quelles sont donc les règles des opérations constructives ? Il suffit de considérer une démonstration pour reconnaître qu'elles sont les propositions antérieurement admises relativement aux objets sur lesquels on raisonne. En géométrie, ce sont des propositions de géométrie, axiômes, postulats, définitions, théorèmes antérieurement démontrés. Ce sont aussi des propositions d'arithmétique et d'algèbre, la géométrie ayant besoin du concours de ces deux sciences. En mécanique rationnelle, ce sont des propositions de mécanique, et aussi de géométrie, d'algèbre et d'arithméti. que. Et c'est pourquoi les sciences sont hiérarchiquement subordonnées les unes aux autres dans un ordre qu'il n'appartient pas à l'esprit humain de changer.

On comprend maintenant le rôle du syllogisme. Il consiste à appliquer les connaissances que l'on possède déjà à l'objet que l'on considère. Ainsi, quand on démontre que la somme des angles d'un triangle est égale à deux angles droits, on applique des théorèmes connus relatifs aux parallèles coupées par une sécante et on reconnaît que deux angles de la figure sont égaux comme alternes-internes, deux autres comme correspondants. Mais la démonstration consiste essentiellement à construire, avec trois angles respectivement égaux aux trois angles du triangle, une somme d'angles adjacents qu'on sait égale à deux droits.

Ces opérations constructives sont géométriques, très souvent même graphiques, si l'on raisonne sur des objets géométriques ; elles sont d'une autre nature si

l'on raisonne sur d'autres objets. Pour démontrer que
les racines de l'équation

(1) $$a\,x^2 + b\,x + c = 0$$

sont données par la formule

(2)
$$x = \frac{-b \pm \sqrt{b^2 - 4\,a\,c}}{2\,a}$$

on construit l'équation (2) en partant de l'équation (1)
et en lui faisant subir une série de transformations dont chacune est justifiée par une proposition
antérieurement démontrée. Chacune de ces propositions est la règle d'une opération. L'application de
la règle est toujours un syllogisme ; mais chaque
opération introduit une forme nouvelle et l'on arrive,
finalement, à celle qu'il s'agissait de démontrer.

Les sciences déductives sont éminemment constructives. La plus simple d'entre elles. l'arithmétique, sur
laquelle toutes les autres reposent, commence par
construire la série indéfinie des nombres entiers ;
elle y joint des conventions de langage pour dénom-
mer chacun d'eux : c'est la *numération parlée*. On
pourrait se contenter de nommer les nombres, mais
il est commode de savoir aussi les écrire. La numération écrite est beaucoup moins importante que la
numération parlée, car elle se réduit à des conventions d'écriture, tandis que la numération parlée
construit l'objet même de la science. Viennent ensuite des théorèmes dont chacun introduit un nouveau mode de construction et montre que le résultat
est identique à celui de quelque construction définie
dans la numération parlée. Ensuite, constamment,
jusqu'aux plus hautes spéculations de l'algèbre, toute

démonstration consistera à établir l'identité des résultats obtenus par des constructions différentes (1). — En géométrie, les premières définitions énoncent la manière de construire les figures élémentaires. On dit que les définitions *génétiques* sont les meilleures ; c'est que l' « existence », c'est-à-dire la possibilité du défini ne fait pas question quand la définition enseigne à le construire. Les définitions qui ne sont pas génétiques exigent une *démonstration d'existence*, car on n'a pas le droit de définir ce qui est absurde (par exemple : un *carré rond*) (2). Souvent la définition intervient juste au moment où l'existence du défini se trouve établie par ce qui précède : il ne reste plus qu'à le nommer. Si cela n'a pas lieu, le théorème d'existence est nécessaire. Or, le théorème d'existence consiste à faire connaître un mode de construction de l'objet défini.

Tout théorème de géométrie établit que deux opérations constructives différentes (opérations graphiques ou opérations de mesure) ont pour résultat des figures identiques.

La déduction n'est pas limitée aux sciences mathématiques. Celles-ci, purement déductives, ne font connaître aucune partie de la nature, mais elles prêtent leur concours aux sciences de la nature en leur four-

---

(1) Par exemple, en multipliant 3 par 2, on obtient le même résultat qu'en ajoutant l'unité au nombre 5, ce qui, d'après la numération, est la définition de 6. En multipliant a + b par a — b, on obtient le même résultat qu'en retranchant le carré de b du carré de a.

(2) Le seul cas où la démonstration d'existence ne soit pas requise (elle serait d'ailleurs impossible) est celui où la définition est faite en vue d'une démonstration par l'absurde : si l'on définit la commune mesure entre la diagonale et le côté du carré, on définit ce qui n'existe pas, mais pour démontrer que cela n'existe pas.

nissant des méthodes de mesure. Grâce à elles, d'un petit nombre de mesures empiriques, on déduit, c'est-à-dire on construit les mesures qu'on ne peut pas ou qu'on n'a pas avantage à effectuer directement. En outre, la déduction, soit dans les sciences, soit dans la vie pratique, peut s'appliquer à autre chose qu'aux grandeurs et aux mesures. Son rôle est surtout de *prévoir*, c'est-à-dire encore de construire, en pensée, l'enchaînement des évènements qui se dérouleront nécessairement à partir d'un concours donné de circonstances (1). Elle sert aussi, par un processus entièrement semblable à celui de la prévision, à déterminer, sans les avoir observées, comment les choses ont dû nécessairement se passer dans un concours déterminé de circonstances (2), et enfin à se rendre compte que des évènements quelconques, connus par observation, devaient nécessairement se passer comme ils se sont passés (3). C'est ce qu'on appelle *expliquer*.

Dans tous ces cas, les opérations constructives de l'esprit sont réglées par des *lois naturelles*, physiques, chimiques, biologiques, psychologiques, sociologiques. Expliquer des faits, c'est arriver par des constructions mentales logiquement nécessaires, c'est-à-dire

(1) Par exemple, un ingénieur prévoit comment une machine fonctionnera, un architecte prévoit qu'un édifice, construit avec tels matériaux, ayant telles formes, telles dimensions et telle disposition, résistera aux agents physiques.

(2) Un juge d'instruction reconstitue la scène du crime.

(3) Par exemple, toute science historique, depuis la géologie jusqu'à l'histoire politique. — Un poète dramatique ou un romancier se donne une situation, il se donne aussi quelques unes des péripéties de l'action, qui résultent de contingences externes, auxquelles il suffit d'être possibles et vraisemblables ; il déduit les autres péritéties ; elles doivent être les conséquences logiquement nécessaires des données : les situations et les caractères.

des déductions, à un résultat précisément identique à celui que l'observation nous présente d'autre part. Il est bien évident que ces constructions mentales ne sont pas réglées uniquement par les exigences de la logique formelle, mais que leur nécessité vient de la connaissance des lois de la nature.

La connaissance des lois s'obtient par un raisonnement qui semble entièrement différent de la déduction et paraît même, à certains égards, suivre une marche inverse. L'induction, a-t-on coutume de dire, en un langage intolérablement inexact, « va du particulier au général » ; disons mieux : elle va des faits, qui sont singuliers, aux lois, qui sont générales. Mais nous avons vu qu'il n'est pas vrai que la déduction, sauf le cas où on la réduirait à un simple syllogisme, c'est-à-dire à une application, aille du général au spécial ou au singulier. Notre théorie nous a conduits à un rapprochement des deux raisonnements inductif et déductif et réunit en une seule logique la déductive, dont la tradition remonte à Aristote, et l'inductive, que Bacon y avait simplement juxtaposée.

L'induction fait appel à l'expérience, mais pourquoi ? Elle procède par des constructions en tout semblables à celles du raisonnement déductif, et dont beaucoup sont en effet de véritables déductions. Seulement il arrive, en des matières qui ne sont pas encore complètement élucidées, qui ne peuvent être complètement *expliquées*, c'est-à-dire déduites, que l'esprit se trouve arrêté, faute de quelque connaissance capable de régler son opération. Alors, hardiment, il se résout à courir le risque d'une opération arbitraire. Cette opération n'étant pas nécessaire, la construction qui en résulte ne saurait avoir le caractère de la certitude : c'est une *hypothèse*. Elle doit donc être soumise au contrôle de l'expérience, c'est-à-dire *vérifiée*. Ce qui distingue l'induction de la déduction, ce n'est donc pas essentiellement l'appel à l'expérience, c'est la démarche arbitraire, que la déduction s'interdit, que l'induction se permet.

Vérifier une hypothèse, c'est observer un fait qui dément formellement une conséquence de l'hypothèse contradictoire. Une telle vérification s'appelle *expérience cruciale*. La « croix » dont il s'agit dans l'*experimentum crucis* de Bacon est l'intersection de deux routes, ou bien le poteau indicateur qui indique la voie à suivre. Mais pour qu'il y ait expérience cruciale, il ne faut pas que le fait donne une réponse *positive* à la question posée. Une hypothèse ne peut jamais être parfaitement vérifiée par un fait qui lui est favorable, car ce même fait peut toujours être d'accord avec quelque autre hypothèse. En effet, l'hypothèse, qui est la loi anticipée, étant générale, dépasse infiniment le fait, qui est singulier. La certitude qu'un fait ne peut donner, plusieurs faits, une accumulation de faits ne la donneront pas non plus : une série de preuves insuffisantes ne fera jamais une preuve suffisante. Au contraire, une hypothèse est condamnée par un seul fait qui la contredit ou contredit une seule des conséquences qui s'en déduisent. S'il n'y a que deux hypothèses possibles relativement à un même ordre des choses, la condamnation de l'une est la preuve de l'autre.

En fait, les conditions de l'expérience cruciale rigoureuse sont presque irréalisables. Lorsque deux hypothèses sont seules possibles, elles sont formellement contradictoires. C'est généralement celle qui serait intéressante, l'universelle affirmative, qui est exclue par l'expérience ; l'autre, la vraie, est si pauvre, si indéterminée, qu'elle n'est guère que l'expression de notre ignorance. En réalité, peu de lois naturelles sont démontrées par des expériences cruciales. On est obligé de se contenter d'hypothèses confirmées par l'abondance, la précision, et surtout la variété des expériences qui ne les contredisent point ; on est conduit à penser que, si le fait qui les condamne existait, on l'aurait très probablement rencontré. Les lois naturelles ne sont guère que des hypothèses avec lesquelles on peut continuer à travailler longtemps sans éprouver de mécomptes.

Une conséquence logiquement déduite peut aussi être soumise au contrôle de l'expérience. C'est une simple confirmation, une garantie qu'on ne s'est pas trompé en raisonnant. Nous avons grand besoin de telles garanties ; il est bien imprudent de les négliger quand elles sont possibles. Mais c'est la déduction qui satisfait la raison, c'est elle seule qui fait comprendre la nécessité des choses. Nous n'arrivons à l'intelligible que par la déduction. Dans le raisonnement inductif, la vérification expérimentale a valeur de preuve ; c'est elle qui ôte le doute et transforme l'hypothèse en vérité. Mais la loi hypothétique, qui devient, après vérification suffisante, loi vraie, ne devient pas loi intelligible. Nous savons bien que tel est, en fait, l'ordre naturel, nous n'apercevons pas pourquoi les choses se passent ainsi ; c'est pour nous un ordre *constant* ; il y a lieu de supposer que c'est aussi un ordre *nécessaire*, mais la raison qui le rend nécessaire demeure cachée à l'esprit. L'expérience ne peut pas suppléer à l'absence de la nécessité logique. La démarche arbitraire qui a construit l'hypothèse est une audace qui a réussi, sans qu'on sache pourquoi elle a réussi. L'induction ne nous apprend que le vrai ; c'est beaucoup, puisque le vrai suffit pour diriger l'action ; mais la raison ne se repose que dans l'intelligible, que la déduction seule peut atteindre. Est intelligible ce que l'esprit est capable de construire par des opérations réglées. Nous ne comprenons les choses que quand nous savons les refaire, en pensée, sans aucun arbitraire.

LES IDÉES DIRECTRICES

DE LA MÉTHODE

EN PHYSIQUE

par M. Abel REY

professeur à l'Université de Paris

Toute science peut être considérée à deux points de vue : au point de vue de sa méthode : elle est un ensemble de procédés techniques d'investigation ; — au point de vue de son contenu : ces procédés aboutissent à des résultats, à un ensemble d'affirmations ou de probabilités (la probabilité est elle-même un genre d'affirmation) qui constituent ce qu'on appelle communément la science.

Ces deux points de vue sont inséparables ; mais le plus important est certainement le premier, car il commande et justifie le second. Bien que ce soient surtout les résultats qui attirent l'attention générale, une science est essentiellement une méthode et se définit par elle. La science n'est pas faite de propositions catégoriques qui se juxtaposent et s'ajoutent les unes aux autres, comme des pierres dans un mur. Ce n'est même pas une maison qui se construit sur un plan arrêté une fois pour toutes. Le plan change constamment. La science est un organisme vivant, plastique comme la vie ; mieux, œuvre de l'esprit, elle ressemble surtout, dans son évolution, à un esprit, à une conscience dont l'unité ne se fait qu'à travers et par une incessante diversité.

Nous ne pouvons, faute de place, qu'effleurer ici les idées directrices qui inspirent la méthode d'une de nos sciences : la physique. Mais cette science est au centre même de toutes les autres, et au plus profond de l'investigation humaine, car elle est le moment où l'esprit mord sur les choses, et la recherche des lois les plus générales auxquelles obéit la matière, le monde extérieur tout entier. Au point de vue méthodologique surtout, elle est le moment où l'esprit, maître d'une méthode qui lui permet de développer, sans contradiction, toutes les conséquences de principes qu'il a une fois posés, maître en un mot de la méthode mathématique, se demande si la nature se soumettra à cette méthode, et s'efforce de l'obtenir. La physique est essentiellement l'effort pour construire une mathématique de la nature, une mathématique du réel. Et c'est là ce qui fait l'intérêt de la méthode en physique, c'est là, si l'on veut, à la fois la grande idée directrice de cette méthode, et le problème qu'elle nous pose. L'univers est-il susceptible de devenir assez clair, assez transparent à notre raison, pour que nous puissions légitimement construire sa science sur le modèle de la mathématique et avec elle. Car, ne l'oublions pas, la science idéale, la science — modèle pour l'intelligence

humaine, c'est la mathématique. « Mathésis » pour les
Grecs, c'était la science, tout court.

On présentait d'ordinaire de la méthode en physique un schéma simple et sommaire, mais qui a paru
à la critique contemporaine (nous entendons par là
celle que les savants eux-mêmes ont faite de leurs
sciences) fort inexact. On empruntait ce schéma à
Bacon qui, à travers les Encyclopédistes du XVIIIe siècle, et les *idéologues du commencement du* XIXe, inspire encore Taine et Berthelot, — dans ses écrits philosophiques, car dans son laboratoire, il procédait,
avons-nous besoin de le dire, en maître-physicien. —
D'après ce schéma, l'idée directrice de la méthode
physique, c'est que l'esprit doit s'effacer autant qu'il
le peut, devant les faits, devant la nature : la méthode
expérimentale consiste à réfléter les choses comme un
bon miroir, un miroir parfait qui ne fait subir aucune
déformation aux images qu'il renvoie. Vieille idée
d'ailleurs que celle-là : les physiques du moyen-âge
se prétendaient déjà des « specula mondi », des miroirs
du monde. En réalité, cette idée méthodologique pro-
testait heureusement et à bon droit contre les écarts
d'une imagination trop confiante en ses idées générales contre un verbalisme qui est un des plus puissants instincts de l'homme, et plus encore de l'enfant.
Il est si facile de parler de ce qu'on ne connaît pas.
Cet appel à l'expérience était donc plus que justifié.
Mais dans l'expérience, l'esprit humain peut-il être un
miroir fidèle du monde extérieur ? S'il le pouvait, si
nous n'avions qu'à ouvrir nos yeux pour connaître la
nature, la méthode qui nous demande d'être, en quel-

que sorte passif devant les choses pour les réfléter avec plus de vérité, serait évidemment la seule méthode à suivre. Et comme elle serait simple : suivre les phénomènes avec attention, en noter toutes les sinuosités, les variations, les interférences : l'enregistrement photographique de tout cela, voilà les lois de la nature. Elles sont de bonnes photographies. Elles se traduisent directement en rapports numériques, car toutes les variations des phénomènes sont notés à l'aide de mesures, c'est-à-dire de nombres, et les influences diverses des phénomènes les uns sur les autres ne sont que les rapports que l'expérience rend manifestes entre ces nombres. Notre vue mathématique des choses sortirait directement de la vue de nos yeux, si l'on peut dire, et ne ferait qu'en souligner les contours.

Encore une fois, si nous pouvions vraiment appliquer cette méthode, ce serait la méthode idéale. Mais — et c'est ce qu'a bien analysé la critique scientifique contemporaine, de Claude Bernard à Poincaré, à Mach, à Duhem, — il n'y a là qu'un idéal et un rêve. La réalité est trop complexe, trop riche, pour que nous puissions la saisir, comme un miroir réflète une image. Et nos moyens humains sont trop simplistes et trop pauvres.

Nos sens, et par suite nos expériences qui, toutes sont des mécanismes montés avec nos sens et pour eux, ne nous donnent que des points de contact superficiels et relativement peu nombreux avec une réalité qui les dépasse infiniment. Un exemple grossier, mais frappant : des événements électromagnétiques qui s'accomplissent dans l'espace, nos yeux ne perçoivent qu'une gamme très restreinte, celle dont l'arc-en-ciel peint les couleurs, entre des milliers d'autres. Nos yeux ne sont accordés qu'à celle-là. Les autres, Maxwell et Hertz, et tous leurs successeurs, les ont devinées par les yeux de *l'esprit* et ils les ont mises en évidence par des mécanismes expérimentaux destinés à en traduire de façon sensible, certaines conséquences. Ceci suffit à indiquer que l'expérience, entendons par là, la constatation pure et simple des faits, l'effort pour n'être que le plus fidèle des miroirs, ne saurait être qu'un point de départ et un point d'arrivée. Mais entre les deux se glisse un travail capital. L'idée simpliste de la méthode que nous exposions tout à l'heure le passait sous silence. Et c'est cependant lui qui est à peu près le tout. C'est en l'analysant que nous prendrons conscience des idées méthodologiques directrices de la physique. Là, nous saisissons sur le vif l'effort pour construire la mathématique de l'univers, et sa valeur. Nous verrons qu'il n'est point seulement effort pour traduire, mais effort pour pénétrer, pour comprendre, effort *intelligent* au sens étymologique du mot.

La critique scientifique dans la seconde moitié du xixe siècle, s'est attachée à mettre cet effort en évidence, et à en déterminer la signification. Elle a montré que la découverte physique est due à une invention réelle, à une activité intellectuelle qui devine, construit et organise, que la théorie physique garde l'empreinte profonde de cette activité, qu'elle est toujours hypothèse. On peut résumer les résultats de toute cette critique en disant que l'idée directrice de la méthode en physique et partant de la méthode expérimentale en général, c'est que l'expérience scientifique n'existe que par l'intervention de l'hypothèse, de l'idée jaillie dans l'imagination du savant.

Mais on a souvent mal interprété cette conclusion indiscutable. Il importe d'éviter toute méprise. Montrer la part de l'hypothèse et de l'idée, dans la méthode expérimentale, ce n'est ni faire fi de l'observation des faits, ni infirmer la valeur de la science.

*
* *

Et d'abord, de la profonde réforme qui a vraiment fondé la physique positive au début du XVIIe siècle, tout est *maintenu*. Il ne s'agit pas de revenir, avec la scolastique médiévale, à une simple *confrontation* d'idées les unes avec les autres, à une pure analyse ou à un jeu d'idées, pour tout dire à la méthode dialectique inaugurée par la philosophie grecque et qui n'a plus de place maintenant qu'en métaphysique. Il ne s'agit pas de construire, en partant de simples vues de l'esprit, un monde idéologique, et de ne faire appel à l'observation, à l'expérience, que pour illustrer, appuyer ou faire comprendre la construction. L'expérience conservera un tout autre rôle que celui de métaphore heureuse à l'appui d'un agencement d'idées.

Le premier principe de la méthode en physique reste bien la soumission, la soumission absolue à l'observation des faits, à l'expérience. Le travail de l'esprit part toujours d'expériences minutieusement contrôlées que nous appellerons les expériences excitatrices. Elles révèlent des faits que nous n'avions pas encore aperçus, en général, des faits qui font échec à l'explication acceptée jusqu'alors, ou tout au moins qui ne rentrent pas dans cette explication. Ces faits constituent des résidus, comme un précipité qui ne se fond pas dans les théories admises, qui résiste à toutes les explications reçues jusque là.

⁂

C'est alors qu'entre en jeu le génie du savant. L'esprit scientifique ne se contente pas d'enregistrer le fait résiduel. Il n'abdique pas devant un soi-disant inexplicable. Il se considère simplement devant un problème qu'il faut résoudre et qu'il résoudra certainement. Du moins jusqu'ici il n'a jamais rencontré d'échec total et définitif. Il cherche une explication. Le monde des idées s'entr'ouvre devant lui. Il y entre carrément et cherche à organiser son hypothèse.

Seulement, et là encore il ne faut pas qu'il y ait de méprise, ce travail idéologique n'est pas arbitraire. L'imagination lui fournit sa matière. Mais des règles étroites la canalisent et différencient profondément l'hypothèse scientifique du rêve de l'idéologue, du jeu de raisonnement du dialecticien. Il ne suffit pas à l'hypothèse scientifique d'être seulement plausible ou logique. Et c'est ce qui, de nouveau, oppose du tout au tout la physique préscientifique ou métaphysique, à la physique, science positive.

Dans la physique grecque (exceptons-en les « mécaniques » d'Archimède, prélude à la vraie physique), dans la physique scolastique, l'observation suggérait aussi des idées ; ces idées, on les construisait aussi en théories — si vagues qu'elles fussent — et on faisait derechef appel à l'observation pour illustrer les théories à l'aide de vagues concordances. On invoquait des faits pour exprimer en termes sensibles, métaphoriquement, je le répète, certaines conclusions idéologiques. Dans la physique moderne, au contraire, l'hypothèse part de l'expérience. Mais, depuis Galilée et Descartes — et c'est le grand mérite de Descartes

d'avoir analysé cela d'une façon claire et profonde ;
c'est ce qui fait de lui le grand fondateur de l'esprit
scientifique moderne — les résultats de l'expérience
physique s'écrivent en nombres, plus généralement,
en rapports de grandeurs algébro-géométriques. Et
l'hypothèse du physicien consiste essentiellement à
remonter de ces données mathématiques à un système
de relations mathématiques dont ces données se déduisent. Qu'on se souvienne de la méthode géométrique
qu'Euclide appelait l'analyse : pour résoudre le problème, on le suppose résolu ; on cherche ensuite de
proche en proche à remonter de la relation qui représente la solution à d'autres relations dont elle se
déduise. Le mouvement de l'esprit est le même. Seulement dans l'analyse d'Euclide, on retrouve une proposition déjà démontrée. En physique, on atteint en
général des relations, des propositions qui ne le sont
pas, et qu'on s'efforcera au contraire de prouver par de
nouvelles expériences, comme nous allons le voir
bientôt.

Le travail du physicien à partir de l'expérience qui
pose le problème, est donc — et c'est cela qui caractérise la méthode physique depuis Galilée et Descartes — essentiellement mathématique. Voilà où
s'inscrit la part de la mathématique dans la physique.
Elle est énorme, car cela va être gros de conséquences.
Certes, pour construire le système de relations algébro-géométriques qui est l'hypothèse du physicien,
celui-ci évoque des idées, raisonne à partir de ces
idées, agence et organise des idées, des vues de l'esprit. Mais, ne l'oublions pas, il ne cherche que des
idées susceptibles de se traduire mathématiquement.
Il raisonne en mathématicien sur des données mathématiques. Il les organise enfin à l'aide des différents

procédés de calcul que lui fournit la mathématique et uniquement, exclusivement par ces procédés.

Pour résumer toute cette partie de la méthode, disons que l'expérience qui forme comme le premier palier dans cette marche à la connaissance de l'inconnu, fournit des valeurs particulières d'une fonction que l'esprit humain cherche à formuler et qui est la loi physique. En général, c'est un système d'équations différentielles construit à l'aide d'hypothèses suggérées par les données expérimentales. Voilà pour le second palier : l'hypothèse, ou mieux la *théorie*, ce mot marquant son caractère, sa rigueur et sa valeur mathématique.

Est-ce le dernier ?

Si l'on veut se contenter de probabilités momentanées, ou si, comme il arrive, on est forcé de se contenter de probabilités momentanées, oui. Mais, en général, et en particulier dans toutes les théories magistrales de la physique, dans les grandes théories, on va plus loin. En tout cas, on cherche toujours à aller plus loin, à aborder un troisième et dernier palier. Voici pourquoi et comment.

On peut construire, d'ordinaire, plusieurs hypothèses dissemblables qui permettent de retrouver à peu près les données particulières dont on est parti. Autrement dit, ces données peuvent être des valeurs de fonctions multiples et différentes. De plus, l'hypothèse a été trop évidemment construite pour s'ajuster aux données dont on est parti. Si bien qu'on ne peut ni considérer celles-ci comme des preuves assurées de la théorie, puisque la théorie a été faite pour elles et

avec elles, ni la théorie comme la seule bonne explication possible des données de départ, puisqu'on pourrait aussi bien en formuler d'autres.

Nous touchons ici encore à une différence essentielle entre la méthode de la physique moderne, et
celle de l'*ancienne physique*. Et c'est le rôle donné à
l'expérience qui, cette fois, vient s'ajouter au rôle
donné à la mathématique pour marquer cette différence. Nous avons vu au départ, le rôle de l'expérience
excitatrice, suggestive. Nous allons voir maintenant
celui de l'expérience probative. Une théorie physique
n'est pas bonne seulement pour traduire et organiser
mathématiquement des faits connus. Elle n'est vraiment une bonne, une grande théorie scientifique, que
lorsqu'elle permet d'en découvrir de nouveaux, d'établir des relations nouvelles, enfin d'expliquer plus que
l'on n'expliquait jusque-là, et plus, à tout le moins,
que les faits pour lesquels on l'a expressément inven-
tée. Aussi le savant imagine-t-il et déduit-il, toujours
par un rigoureux calcul, des propositions les plus
générales, des relations mathématiques, dont sa théorie est le système, certaines conséquences susceptibles
d'être vérifiées par l'expérience. Nouveau travail de
l'esprit et de l'imagination, strictement canalisée. Le
savant institue des expériences vérificatrices. Et si elles
réussissent quelle haute valeur de probabilité est alors,
du même coup, assignée à la théorie. Non-seulement
elle explique et permet de retrouver les données de
l'observation dont il était parti, mais encore elle en
retrouve et en explique de nouvelles. Partie de l'expérience, procédant par la logique rigoureuse du calcul
ou de la construction géométrique (c'est tout un,
depuis la géniale invention de la géométrie analytique
par Descartes) on revient à l'expérience, et à une

expérience nouvelle, imprévisible au point de départ et qui apporte ainsi toute sa valeur probative. Le cycle est fermé et se ferme sur la preuve : troisième palier de notre circuit.

Voilà, à grands traits, les articulations essentielles, les idées directrices de la méthode dans la physique moderne. Ce sont les idées directrices de la méthode expérimentale. Et on voit toute la place qu'y tiennent les constructions mathématiques, cet « *organon* » de la science moderne. Elles enserrent tout le travail de l'esprit, entre les expériences de départ, et les expé-riences d'aboutissement.

Et ceci nous amène à parler de la seconde méprise que nous avons signalée à propos de notre recherche des idées directrices de la méthode physique. L'usage de l'hypothèse, la recherche de la théorie mathéma-tique, qui est une construction intellectuelle insérée, il est vrai, dans l'expérience, mais indépendante de cette expérience et toute idéale, n'introduit-elle pas une large place d'arbitraire entre les points de départ et d'arrivée, et par suite dans le corps de la science elle-même.

On l'a dit ; et non-seulement des littérateurs ou des philosophes, ce qui serait, pour un physicien, négli-geable, mais des mathématiciens et des physiciens. Certes, quand on analyse de près ce qu'ils ont écrit, la méprise tend à se dissiper. Mais certaines expres-sions, forcées chez Poincaré, et surtout chez Duhem, forcées à dessein pour faire ressortir le travail créa-teur de la découverte physique et détruire la théorie grossièrement simpliste de la méthode contre laquelle

nous nous insurgions en commençant, peuvent prêter,
ont prêté à malentendu. On a dit que la théorie
physique était un simple jeu de formules, sans
rapport avec le réel : langage descriptif et rien
de plus. On a dit encore que, par cela même
qu'une fonction était imaginée qui permettait de
retrouver certains résultats expérimentaux, on en
pouvait construire une infinité d'autres permettant les mêmes retrouvailles — si l'on ose dire. —
Bref, en physique, il n'y a de certain que la lecture
brute de l'expérience. Toute tentative d'explication
est arbitraire et simple jeu d'écritures. Nous n'avons
pas le temps de discuter ici cette thèse ; nous n'y
touchons que parce que la valeur de la méthode est
fonction des idées directrices qui l'ont instituée. Or,
la quatrième grande idée directrice de la méthode
physique — la première était la soumission absolue à
l'expérience, au départ et à l'arrivée ; la seconde, la
recherche d'une théorie mathématique permettant de
retrouver les données expérimentales ; la troisième
enfin, la recherche d'expériences probatives; — la quatrième et dernière grande idée directrice, c'est précisément que la théorie a une valeur explicative. Elle
renferme de l'arbitraire, puisqu'elle est hypothèse,
c'est entendu. Elle se meut, si l'on veut, comme toutes
choses humaines, dans le domaine du relatif et de la
probabilité (le mot absolu est-il autre chose, dans
la sphère humaine, qu'un mot ?) Mais elle vise à
restreindre toujours, et de plus en plus, l'arbitraire.
Elle veut estimer sa propre probabilité, cherche à ce
qu'elle soit la plus haute qu'il se peut. La physique
veut être objective.

Pour établir que telle est bien la dernière idée
directrice de la méthode, il suffira de se rappeler pre-

mièrement la recherche constante de faits nouveaux ou encore inexpliqués que la théorie permet d'aborder en même temps que ceux pour lesquels elle a été construite, et avec lesquels ils ne laissaient entrevoir aucun rapport. L'esprit le moins prévenu ne peut s'empêcher de conférer quelque objectivité à un agencement de rapports entre les faits tel qu'il permet de retrouver et d'expliquer certains faits qui n'entraient pas, au préalable, dans cet agencement.

Secondement, et c'est encore un point que toute la critique contemporaine a bien mis en évidence, notamment Duhem, une théorie scientifique n'est ni isolée ni isolable de toutes les autres. Il y a entre toutes les théories des liens de solidarité étroite, si bien qu'elles s'étayent et se corroborent les unes par les autres, et par les faits qu'elles expliquent ou font découvrir les unes et les autres. L'unité de la physique n'est pas un vain mot. « Tout compte fait, on s'est rapproché de l'unité », disait Poincaré. On s'en est toujours rapproché depuis la fondation de la physique positive. Les théories se sont engendrées les unes les autres, ajustées les unes aux autres. La physique, il ne faut se fatiguer de le répéter, est un organisme vivant qui s'accroît, à la manière d'un organisme vivant cu conscient, en accentuant son unité et son harmonie, en assimilant les matériaux les plus disparates. Ce qui fait qu'une théorie ne s'élabore pas au gré de l'imagination mathématique entre les expériences de départ et d'arrivée. Mais l'esprit du physicien est guidé, enserré, par tout ce qu'il sait de la physique. Cet acquis est le véritable ressort de son génie constructif, le trésor dont les découvertes nouvelles ne sont que l'intérêt dû à l'intelligence de celui qui le possède. La théorie s'élabore en recoupant sans cesse d'autres théories déjà élaborées, dans d'autres ensembles expérimentaux, puisque toute théorie est inséparable d'un ensemble expérimental.

Le tissu des relations mathématiques recouvre donc de plus en plus un univers objectif dont il dessine l'architecture. Probabilité, avons-nous dit, en parlant de théories, et non certitude. Bien entendu, puisque pour parler de certitude en face d'une solidarité si étroite, il faudrait déclarer que plus rien n'est inconnu, que nous sommes omniscients. Laissons cette prétention aux chercheurs d'absolu. Il suffit au savant de savoir toujours un peu plus, mieux, d'ignorer toujours un peu moins et de s'acheminer vers des probabilités sans cesse croissantes. Nous savons que nous ne sommes que des hommes, et que l'humain est notre vrai domaine : un domaine assez riche pour l'activité de tous les hommes jusqu'à la consommation des siècles.

*
* *

Cette méthode, dont nous venons d'analyser sommairement et de façon bien abstraite les idées directrices, voyons-la à l'œuvre : ce sera la justification de notre façon de l'analyser.

Prenons-la d'abord dans un cas particulier, où il s'agit d'une recherche bien définie, limitée à quelques faits d'expérience. Nous verrons ensuite un cas très général, et nous aurons ainsi confirmé nos dires aux deux domaines extrêmes, si l'on peut dire, où s'exerce l'activité du physicien :

I. — Le cas particulier, nous l'empruntons à une recherche très typique exécutée à propos de la radioactivité : l'explication de la nature des rayons X, c'est-à-dire du rayonnement d'électricité positive émis par les corps radio-actifs.

Des premières expériences faites sur les corps radioactifs, Mme Curie avait cru pouvoir conclure, vers 1900, que les rayons X chargés d'électricité positive émis par ces corps étaient assimilables à des projectiles mécaniques lancés par les corps radio-actifs. Ils se comportaient toujours comme des corpuscules matériels qui épuiseraient progressivement leur vitesse en traversant la matière, l'air par exemple. On pouvait étudier cet amortissement de la vitesse grâce au pouvoir électrificateur (ionisateur, comme on dit) de ces rayons, et dont les variations sont mesurées à l'aide d'un électromètre, à partir de la source radioactive jusqu'au moment où ce pouvoir disparaît, le rayonnement formant tout autour de la source comme une gaîne nettement déterminée de quelques centimètres, et où l'activité du courant électrique qui décèle ce rayonnement diminue graduellement. Tel était le résultat, tout qualificatif encore, des premières expériences, des expériences excitatrices.

Le travail théorique commence sur ces expériences. Il s'agit d'élaborer et d'organiser l'hypothèse faite sur la nature de ces projectiles mécaniques, et de la traduire par des relations mathématiques dont certaines conséquences puissent se vérifier par des expériences probatives. C'est à quoi, à la suite de Mme Curie, s'attachèrent nombre de physiciens, Rutherford en particulier, et surtout Bragg et Kleemann, dont nous allons analyser sommairement l'élégant travail.

Ces physiciens ont supposé que les rayons X « possèdent tous la même vitesse initiale et qu'ils sont, par suite, capables de produire l'ionisation de l'air sur une même distance déterminée et qui se nomme leur *parcours.* ». (1) Ceci posé, et en acceptant les indications de l'expérience suivant lesquelles le trajet des rayons dans l'air est rectiligne et ne subit pas en traversant la matière de dispersion appréciable, comment pouvons-nous imaginer mathématiquement les variations de l'ionisation de l'air qui nous indiquent l'amortissement graduel de l'énergie cinétique de ces projectiles matériels qu'on suppose que sont les rayons X. D'abord, le courant électrique recueilli par l'électromètre devra être constant, puis il décroîtra, et enfin disparaîtra. Il sera constant tant que tous les corpuscules émanées de la substance radioactive ioniseront l'air dans lequel ils sont lancés. Il décroîtra au moment où ceux qui viennent des couches les plus profondes du corps radioactif, auront achevé leur parcours. Il disparaîtra lorsque ceux de la couche superficielle extérieure du corps auront, eux aussi, achevé ce parcours. Par conséquent l'ionisation décroîtra suivant une loi linéaire, en fonction de la distance. Géométriquement on pourra représenter tous les résultats des mesures par une droite verticale, tant que l'ionisation reste constante, puis par une droite d'inclinaison déterminée sur l'horizontale, cette inclinaison étant proportionnelle à la décroissance de l'inonisation, tant que l'ionisation décroîtra, enfin par l'horizontale, quand l'ionisation aura disparu. C'est ce que l'expérience conduite par des dispositifs appropriés, très ingénieux, a vérifié. Les rayons X sont bien des corpuscules matériels lancés par les corps radioactifs.

Mais elle a de suite montré autre chose. Au lieu d'un seul palier incliné terminé par une verticale

(1) Mme Curie : « Traité de Radioactivité », t. II, p. 105.

(comme le bord d'un toit sur le mur où il se termine, ou mieux, comme une marche d'escalier dont le plateau serait légèrement oblique sur la tranche) les résultats conduisent à une représentation qui a la forme d'un escalier à plusieurs marches, la figure se répétant en quelque sorte elle-même, à des niveaux différents. C'est que la matière active n'émet pas une seule famille de corpuscules X, mais un groupe de familles caractérisées chacune par la longueur du parcours de ces corpuscules, longueur qui appartient en propre à chacune de ces familles et non aux autres, qui est en quelque sorte comme leur état-civil distinctif.

Cette conclusion imprévue, mais imposée par l'expérience probative de la théorie et, par surcroît, a mené la théorie encore plus loin. On sait maintenant que chacune de ces familles de rayons X caractérise un corps radioactif particulier qui se trouve dans la matière radioactive en expérience, corps qui provient de la désintégration de cette matière : cette désintégration, cette véritable transmutation donnant naissance à de nouveaux corps radio-actifs, par l'expulsion de corpuscules X. Ces corpuscules X sont, on l'a appris depuis, des atomes d'hélium ; et l'atome de la matière active se désagrège en donnant naissance, d'un côté à un nouvel atome moins complexe d'une nouvelle substance radio-active, et de l'autre côté, à l'atome d'hélium expulsé. Et ainsi de suite pendant un certain cycle.

On voit ici comment les premières expériences qualitatives, expériences d'essai, expériences *pour voir*, expériences suggestives, ont suscité une théorie mathématique. On a cherché dans une nouvelle expérience, expérience probative, sa vérification. Et cette

nouvelle expérience non-seulement prouve l'hypothèse, la théorie, mais encore la généralise, et recoupe
d'autres expériences, d'autres théories sur la nature
des corps radioactifs, et leur désagrégation, leur transmutation, par suite de la décomposition de l'atome
chimique.

De même l'expérience de Mariotte suggère la loi de
Mariotte et le *comportement* de cette loi nous achemine à la théorique cinétique des gaz: les nombreuses
expériences faites pour vérifier cette théorie, enri-
chissent — et de quelle manière — nos idées sur les
propriétés des gaz, sur l'énergie calorique, sur le thermodynamique.

La loi de la chute des corps est une loi-limite, par
rapport aux apparences expérimentales faites dans
l'air. Dans le vide, elle se vérifie absolument. La
théorie mathématique, les relations posées par Galilée,
sont rendues par là certaines. Mais on en déduit des
conséquences mathématiques, par exemple celles qui
font varier l'intensité de la pesanteur par rapport à la
distance du centre de la terre, puis des conséquences
par rapport à la forme de la terre (aplatissement des
pôles, etc.). Et toutes ces conséquences se suggèrent, se
vérifient et se recoupent.

Dans le détail donc — si l'on peut employer ce
mot, pour des chapitres de la physique qui nous amè-
nent si vite à des conclusions si générales — on vérifie
suffisamment le schéma que nous avons tracé de la
méthode. Il est encore plus net dans les théories tout
à fait générales, dans celles qui commandent à toute
la physique. On le verrait avec la théorie cinétique
des gaz, la thermodynamique, la théorie des quanta.

II. — Mais un cas général tout à fait typique nous

paraît fourni par la théorie qui, en ce moment, englobe à peu près toutes les parties de la physique (1) : la théorie de la relativité.

Le point de départ de la théorie est incontestablement l'expérience de Michelson et Morley. Elle nous révèle l'échec du théorème de la composition des vitesses lorsqu'il entre parmi les composantes la vitesse de la lumière, c'est-à-dire la vitesse de propagation des perturbations électro-magnétiques. Voilà le résidu, le précipité insoluble dans la théorie classique, et qu'il va falloir réduire. Ce résidu est d'ailleurs d'importance, si l'on songe qu'au moment même de l'expérience, la physique est amenée à une théorie électro-magnétique de la matière. L'électro-magnétisme est donc au centre de la science et au plus profond d'elle.

L'esprit scientifique entre en travail. C'est d'abord Fitzgérald et Lorenz, qui supposent la contraction de la matière dans le sens de son mouvement ; Lorenz qui en déduit la conséquence logique que le temps s'allonge par l'effet de ce même mouvement, et que, par suite, de même que les grandeurs ont une valeur locale, le temps a une valeur locale. C'est enfin Einstein qui formule d'abord son principe de relativité restreinte, ensuite son principe de relativité généralisée. Il se trouve que le premier établit entre les équations de la mécanique Galiléo-Newtonienne, et les équations de l'électro-magnétisme, une solidarité explicative qui, jusque-là, avait été vainement cherchée. On voit combien le point de départ est dépassé et comment la théorie se trouve justifiée par des conséquences sinon imprévues, au moins qui n'étaient pas

(1) Elle ne laisse hors de ses prises actuellement que la théorie des quanta et, partant, certaines parties de la théorie cinétique des gaz.

consciemment poursuivies dans son élaboration directe et immédiate.

Remarquons que cette solidarité établie entre les deux grandes parties de la physique, cette absorption de la mécanique classique dans l'électro-magnétisme de Maxwell-Hertz-Lorenz, légitime par choc en retour la théorie Einsteinienne en lui subsumant l'immense quantité des résultats expérimentaux qu'embrassent l'électro-magnétisme et la mécanique ordinaire. Elle les éclaire et permet de les comprendre plus profondément.

Mais avec le principe de relativité généralisée, nous saisissons mieux encore la marche de la méthode physique : ici, par le calcul, certaines conséquences très particulières et très singulières peuvent être déduites de la théorie. De ces conséquences les unes expliquent complètement, et d'une façon remarquablement exacte, un fait résiduel qui, jusque-là, avait déjoué toutes les tentatives de la mécanique Newtonienne : le déplacement séculaire du périhélie de Mercure. Elles le font rentrer dans la loi générale. Les autres font prévoir des faits qui, jusque-là, étaient restés inconnus : la gravitation du rayon lumineux, et le déplacement des raies du spectre émis par une source lumineuse, comme effet de la gravitation.

Dans une théorie dont l'importance n'est plus contestée, quoiqu'il arrive dans l'avenir, dans une théorie qui est la plus grandiose synthèse des faits physiques, puisqu'elle est rien de moins qu'une représentation cosmique, nous saisissons sur le vif les idées méthodologiques directrices de la physique, dans les trois temps que nous avons cru pouvoir distinguer au fond de toute recherche expérimentale.

Maintenant que nous avons démonté sommairement, mais suffisamment croyons-nous, pour en
apercevoir l'esprit, la méthode des sciences physiques, la méthode dite expérimentale, nous pouvons
essayer d'entrevoir la solution du problème que nous
avions posé au début : l'univers est-il susceptible
d'être tout entier embrassé dans une représentation
mathématique, ce qui est bien le but de la physique
moderne ? Ou, — et cela revient au même — notre
physique, notre science de l'univers est-elle objective ?
La méthode scientifique atteint-elle le réel ? Obtient-
elle la vérité ?

Nous remarquerons d'abord que la physique a pour
objet les choses matérielles. Ce que nous allons dire
d'elle et de son objectivité ne concernent donc que
notre connaissance de la matière et du monde extérieur. Nous laissons complètement de côté les choses
de l'esprit, et la valeur ou la possibilité des sciences
de l'esprit.

Les mots *objectif*, *vérité*, sont équivoques. Si par
objectif, on entend la copie fidèle et complète de la
réalité, si par vérité on entend une affirmation catégorique absolue et définitive sur cette réalité, il faut
nous y résoudre : nous ne pouvons pas dire sans
réserve que la physique atteigne l'objectif et la vérité.
Nous ne pouvons pas le dire à cause de la part cons-
tructive qu'y prend nécessairement l'intelligence, part
énorme, capitale, qu'on est vraiment stupéfait d'avoir
vu si souvent méconnue, dans l'analyse de la méthode
expérimentale. Ah ! certes, si nous étions devant
l'univers comme un enregistreur photographique, et

si tout pouvait, devait s'enregistrer fatalement à
mesure que se déroulerait l'enregistreur, nous pourrions dire : notre science, à mesure quelle est établie
par nous, est objective et définitive. Et pour qu'elle
soit complète, il suffit d'y mettre le temps. L'humanité
serait comparable à un thésauriseur qui entasse petit
à petit des lingots d'or — d'or sans alliage — et qui,
au terme, pourrait prétendre épuiser tout l'or qui
existe dans le monde. Mais non, les générations
humaines, depuis l'éveil de la pensée, ont été semblables au lutteur tenace et habile: elles se mesurent avec
un monde de profondeur infinie, par lequel, sans leur
intelligence, elles seraient écrasées. Il faut ruser avec
l'adversaire, le surprendre par des passes adroites, en
sachant très bien qu'il est d'une masse trop écrasante
pour qu'on puisse songer à le tenir jamais entièrement
à sa merci. Il ne peut être vaincu qu'aux points. Et ce
qu'il s'agit de marquer, ce sont des points. L'histoire de
la physique montre que nous en marquons sans cesse.
Elle montre aussi que, chaque fois que nous en avons
marqué un, l'adversaire prend une attitude nouvelle
et qu'il nous faut de nouveau combattre, trouver un
nouveau défaut de sa cuirasse pour en marquer un
second. Et toujours de même.

Nous ne pouvons donc prétendre ni à la vérité définitive, ni à l'étreinte de l'objet lui-même. La pensée
cherche sans cesse à s'adapter au monde ; mais comme
pour l'espèce, l'adaptation n'est jamais achevée ni
parfaite. C'est une adaptation qui se continue sans
cesse et sans fin.

Seulement, si l'analyse de la méthode nous montre
ses limitations, nécessaires, inéluctables, si elle nous
défend, en quelque sorte, de songer à un terme définitif, à un absolu, quel qu'il soit, si elle nous fait

renoncer à la Vérité, au sens entier et parfait du terme, cette même analyse nous montre, au contraire, la possibilité d'une ascension continue vers elle. La méthode nous retire la Vérité, mais nous apporte de la vérité et toujours un peu plus de vérité. Toute l'histoire de la physique, toute l'histoire de la science confirme ce point de vue. A chaque instant l'humanité naïve a cru, par ses théories de l'Univers, tenir le secret du mystère suprême. Elle a cru avoir dérobé tout le feu de Jupiter, mangé tout le fruit de l'arbre de science. Puis des faits, nouveaux ont été découverts. Les théories ont été infirmées : détruites, a-t-on dit. Non pas, renouvelées, débarrassées de quelques erreurs, généralisées, absorbées dans des théories plus compréhensives, plus intelligentes, moins loin de la réalité et de la Vérité, avec un grand V. La théorie renversée avait de la vérité. Et comment n'en aurait-elle pas eu, si nous songeons à notre analyse de la méthode ? des faits contrôlés au départ qui suggèrent la théorie et sont expliqués par elle ; des faits nouveaux révélés par la théorie elle-même, qui n'a pas été faite pour eux et qui, pourtant, s'accorde avec eux, les organise, bien plus : les a fait prévoir. Seulement la théorie n'avait pas toute la vérité. Elle contenait un peu plus de vérité que la théorie qu'elle avait remplacée, un peu moins que celle qui l'a suivie.

Voyez les théories astronomiques — l'astronomie, c'est la physique du cosmos. — La première théorie scientifique, c'est le système naïf que nous trouvons de la Chine aux Indes, de l'Egypte à la Chaldée : le ciel tournant autour de la terre. C'est un fait d'expérience: une apparence, c'est entendu ; mais le fait d'expérience est toujours une apparence dont il faut démê-ler les ressorts secrets: ce qui se cache sous l'apparence.

En tant qu'on ne nous donne pas une valeur absolue à l'affirmation de ce fait, il contient de la vérité : les étoiles fixes sont en mouvement global relatif par rapport à nous. La distinction des étoiles fixes et des planètes, voilà encore de la vérité. Le système de Platon-Aristote : la théorie des sphères homocentriques tournant autour de la terre, conséquence de cette distinction empirique, nous représente en première approximation, le mouvement relatif des étoiles, des planètes, de la lune et du soleil, comme ils sont réellement vus de la terre. Le système d'Eudoxe-Ptolémée (les épicycles), est une correction du premier. Il précise remarquablement les positions respectives des astres, et conduit à des répérages de plus en plus exacts : ces mesures exactes, c'est encore de la vérité, un peu plus de vérité que dans la théorie des sphères homocentriques, puisqu'elles la corrigent pour l'accorder avec l'observation. Mais dans ces corrections continuelles, il y a toujours des résidus qui font éclater la théorie, obligent à la compliquer, à la rendre peu plausible. C'est ainsi qu'on s'achemine petit à petit (car n'oublions pas le système d'Oresme, repris par Tycho-Brahé, qui fait tourner les planètes autour du soleil, mais le ciel et le soleil autour de la terre), vers le système de Copernic, un saut énorme alors vers plus de vérité : le soleil considéré comme le centre du système planétaire, la terre devenue une planète et tournant autour du soleil, expliquant ainsi le mouvement global des fixes et les mouvements des autres astres, dans une théorie qui s'accorde beaucoup mieux avec les nombres observés, les relie d'une façon plus intelligente, fait apercevoir des relations insoupçonnées et qui se vérifient sans cesse, entre les astres : les lois de Képler. Enfin, le système de Newton rend compte mécaniquement de la description géométrique à laquelle avait jusque-là uniquement prétendu l'astronomie. Mais cette mécanique céleste conserve tout de la géométrie de Copernic-Galilée-Kepler ; elle amalgame de plus la mécanique céleste avec la mécanique terrestre de Galilée : la loi de la gravitation absorbe les lois de la chute des corps. Et du point de vue nouveau, se justifient comme systèmes partiels tous les résultats scientifiques antérieurs. On nous parle aujourd'hui d'un système qui serait plus profond encore que le système de Newton : la conception d'Einstein. N'oublions pas qu'elle laisse tel quel le système de Newton comme très haute approximation de la vérité, en ce qui concerne notre système solaire, et le réel de nos observations. Elle apporte plus de vérité. Elle se rapproche davantage de la vérité, puisqu'elle explique des anomalies devant lesquelles le système de Newton s'avouait impuissant (le déplacement du périhélie de Mercure par exemple). Mais elle ne détruit pas ce qui avait fait le succès du système Newtonien, parce que cela c'était aussi de la vérité. Elle l'absorbe.

Au fond, la physique, comme toute science, est inséparable de l'idée de progrès. Une science, c'est un progrès. Et c'est peut-être là où le progrès est le plus manifeste, le moins contestable. Nier le progrès de la science : c'est la folie même. On ne discute pas avec la folie. Mais un progrès, c'est en même temps qu'une affirmation de puissance, une affirmation de relativité et d'imperfection. Perfection et progrès s'excluent. Il faut en prendre notre parti : nous ne sommes que des êtres qui progressent. C'est peut-être plus beau et moins ennuyeux que d'être parfaits. Notre science est à notre mesure.

Mais tout en étant à notre mesure, n'oublions pas

qu'elle se trouve à la mesure du Monde. Et que si elle peut mesurer le Monde, c'est qu'il y a au fond de la réalité matérielle quelque chose qui se prête à la mesure. Notre mathématique a été construite — sans doute comme notre physique — au contact du réel. Ce n'est pas un jeu de l'esprit. En tout cas, la physique lui apporte une éclatante confirmation, puisque les relations à l'aide desquelles elle organise les données de l'expérience, les explique et les prévoit, sont les relations du calcul et de la géométrie.

Là encore, nos relations mathématiques sont sans doute bien simplistes, bien pauvres, en face de la richesse infinie du réel. Là encore, il y a des bornes à la puissance de notre esprit, à la perfection de notre adaptation. Mais le génie du mathématicien enrichit tous les jours ses théories, les complique pour les élever à la complexité du réel ; la mathématique moderne, celle qu'utilise notre physique, n'est pas toujours jeu d'agrément. C'est qu'elle n'est pas un jeu, mais un ajustage au réel. Le monde est, sans doute, une mathématique qui dépasse infiniment la nôtre. Mais la nôtre mord sur lui. Elle est bien élémentaire encore ; la terre et l'homme auront passé, qu'elle sera restée sans doute bien inférieure au modèle. Mais elle en participe malgré tout. Elle est de même contexture que lui. La réussite constante de notre physique mathématique montre que, du moins en ce qui concerne la matière, le monde est tissé sur une fine trame de relations auxquelles nos mathématiques s'efforcent de s'apparenter de plus en plus. Et c'est par là qu'elles constituent la véritable logique de la science contemporaine, son *organon*.

Si ce n'est pas sur un cri de victoire décisive — il n'y en a jamais — que l'on peut terminer une étude des possibilités de la physique, c'est bien pourtant sur un cri d'espoir. Il en est de notre science comme de notre moralité. L'homme peut faire du bien, et dans les œuvres humaines il y a de temps à autre, du bien, sans que jamais il puisse venir à l'idée du plus fou des hommes que l'humanité soit absolument bonne. Notre science n'a pas la Vérité ; mais, à force de labeur, elle obtient de la vérité.

L'ÉVOLUTION DES ESPÈCES

Conférences de M. A. PÉZARD

professeur de zoologie

à l'Ecole Normale Supérieure de Saint-Cloud

PREMIÈRE CONFÉRENCE

Les Théories classiques

En raison de l'inquiétude qui hante l'homme au sujet de son origine et de sa destinée le présent problème biologique doit être considéré comme l'un des plus importants et des plus troublants qui se posent devant son esprit. On ne peut prétendre le traiter en détail, dans les écoles normales, où il figure implicitement dans « l'histoire des grandes hypothèses ». Mais nos conceptions actuelles, pour modestes qu'elles soient, sont suffisamment étayées pour donner lieu à une synthèse provisoire, qui n'apparaisse pas comme une casuistique décevante.

Au surplus, tel est le caractère de la biologie moderne qu'elle réclame pour progresser le concours

précieux de l'expérimentation et de la logique, con-
trairement à ce que pensent encore beaucoup de bons
esprits. En effet, « il paraît bien souvent que le
» public tient pour certain que la vérité en biologie,
» et généralement en science, est du même ordre que
» la vérité dans certaines sciences mentales, — c'est-
» à-dire que tout dépend de la manière d'argumenter,
» est affaire de rhétorique, et que ce qui est regardé
» comme vrai aujourd'hui, on peut s'attendre, avec
» quelque raison, à ce que cela paraisse faux demain.
» Il arrive en science, surtout dans les sciences des-
» criptives, telles que la paléontologie et la zoologie,
» que des hypothèses sont émises, discutées et ensuite
» abandonnées. Mais il faut bien se rappeler que la
» biologie moderne est une science essentiellement
» expérimentale et non descriptive ; que ses résultats
» ne sont pas affaire de rhétorique, mais prennent
» toujours l'une des formes suivantes : ou bien il est
» possible de se rendre maître d'un phénomène isolé,
» au point de le produire à volonté (ex. contraction
» d'un muscle isolé), ou bien, on a réussi à trouver
» une relation numérique entre les conditions de l'ex-
» périence et le résultat biologique (la loi sur l'héré-
» dité de Mendel). La biologie, dans la mesure où
» on la fait reposer sur des résultats de ces deux
» groupes, ne peut régresser, mais doit faire des pro-
» grès ». (1).

Il y a plus. Si intéressante qu'elle soit, la théorie de
l'évolution ne constitue pas seulement un ornement
philosophique. Les applications utilitaires en surgis-
sent de toutes parts, et loin de les dédaigner, le biolo-

(1) J. Loeb. *La Conception Mécanique de la Vie.* (Traduit de l'anglais par H. Mouton). Lib. Armand Colin. Paris
1914. (P. 2).

giste ou le praticien doivent les retenir, non seulement
en raison de leur avantage, mais encore parce qu'elles
fournissent une vérification *a posteriori* de leurs
inductions. Amélioration des plantes cultivées, création de races nouvelles, substitution de lois précises
aux pratiques empiriques de l'éleveur ou de l'horti-
culteur, tout cela jaillit du transformisme expérimental et étend le champ de la question. Et même, il n'est
pas jusqu'au domaine pédagogique qui ne subisse le
contre-coup des récentes discussions. En faisant le
départ de ce qui revient, dans le développement d'un
organisme, à l'action du milieu et à celle des facteurs
internes, les généticiens contemporains ont mis à nu
quelques erreurs graves de nos systèmes d'éducation.
Raison de plus pour donner dans notre enseignement
normal, une place de choix à la théorie de l'évolution.

Cela ne veut pas dire qu'elle doive être exposée
dans ses détails : le peu de temps qui lui est réservé
ne suffirait pas. Même dans ces conférences, il
nous est impossible de faire autre chose que jalonner
la route ; d'ailleurs, nous sommes arrivé à un moment où le jugement nécessite une argumentation complexe : observation, expérience, étude des cellules
sexuelles, analyse des facteurs du développement.
Toutefois, il est possible de raisonner souvent d'une
façon concrète, en choisissant des exemples clairs,
empruntés même à la vie courante où pullulent les
expériences naturelles. Rappelons-nous toujours que
les éleveurs appliquent bien souvent, sans les connaître, les lois de Mendel, que les concours agricoles
réunissent un matériel vivant toujours intéressant sur
lequel on peut suivre les lois de l'hérédité ; et même,
que les pédagogues, dans leur façon d'envisager le
problème de l'éducation, se subdivisent en mutation-

nistes et en néo-Lamarckiens. Notre action doit faire
surgir la clarté du chaos informe des faits.

***

La théorie transformiste ou théorie de l'évolution,
s'oppose à la théorie fixiste ou créationniste. Pour les
fixistes, l'immutabilité de l'espèce constitue le dogme
fondamental. Comme le dit Linné, il y a autant d'espèces diverses qu'il y eut de formes distinctes créées
au début par l'être infini. Sans doute cette croyance
absolue avait dû subir un tempérament du fait des
découvertes paléontologiques. Les changements de
faune révélés par les études stratigraphiques n'étaient
pas compatibles avec un fixisme rigide ; peu importe :
Cuvier introduit alors les révolutions du globe : catas-
trophes gigantesques amenant la disparition des animaux, aussitôt suivie d'une création nouvelle ; en
somme un fixisme absolu, mais avec renouvellement
intermittent. — Au contraire, la théorie de l'évolution
énonce que l'espèce n'est pas immuable, qu'elle varie
continuellement, que la variation appliquée aux
espèces anciennes explique la diversité des espèces
actuelles ; que les transformations relèvent de causes
naturelles, toujours en action, enfin, que l'homme lui-
même n'est que le produit ultime de cette évolution.

Ainsi présenté, le problème comporte deux aspects
bien différents : 1° La réalité même de l'évolution ;
2° L'analyse du mécanisme causal. Et cette distinction
nous paraît d'autant plus nécessaire que la crise du
transformisme, dont il a été question naguère, affecte
seulement les hypothèses explicatives et nullement la
réalité même de la descendance.

Les arguments sur lesquels repose la doctrine transformiste ont été rassemblés par Darwin à la suite de son voyage de cinq années sur le Beagle. Manière dont les espèces affines se substituent l'une à l'autre dans les diverses régions sud-américaines, peuplement des îles, homologies entre mains, ailes et nageoires, similitudes chez les embryons des reptiles, des oiseaux et des mammifères, extinction des faunes anciennes et apparition de faunes mieux adaptées : toute cette argumentation impressionnante et démonstrative a imposé tout de suite l'idée transformiste et a entraîné l'adhésion des biologistes indépendants et même du grand public.

Pour plus de clarté, on peut diviser en trois catégories les preuves sur lesquelles repose la théorie de l'évolution.

a) *Preuves d'anatomie comparée*. — Sous leur apparente divergence, les animaux d'un même embranchement sont construits suivant le même plan général (*principe de l'unité du plan de composition*), si bien qu'il est facile, à travers les destinations variées, de discerner des homologies fondamentales et de reconstruire les types originels. Rien n'est plus remarquable, à ce sujet, que la comparaison du squelette des membres chez les Vertébrés ou de l'appareil buccal chez les Insectes. Cette étude nous conduit tout naturellement à établir des séries évolutives hypothétiques. Mieux encore : parlant d'un type synthétique comme la patte pentadactyle théorique, nous constatons souvent des réductions, comme dans le pied du cheval (un doigt) ou du cerf (deux doigts) ; et dans ces deux cas, l'anatomie comparée nous livre un argument suggestif dans la présence des stylets latéraux qui correspondent à des doigts en voie de disparition.

De même un autre argument, qui milite en faveur des
parentés originelles nous est fourni par les formes de
passage qui réunissent entre eux les différents groupes ; formes qui ont hypnotisé longtemps les biologistes. En réalité, ces formes de passage n'ont pas la
haute signification qu'on leur attribuait : la théorie
de l'évolution n'aurait rien à perdre dans le cas où
n'existerait plus aucune de ces formes : il suffit simplement qu'elles aient existé dans le passé.

b) *Preuves embryologiques.* — L'étude minutieuse
du développement étend judicieusement le champ des
comparaisons. Or, bien souvent, on constate dans certains groupes, des phases tout à fait anormales, apparemment inexplicables. Par exemple, les embryons des
reptiles, oiseaux et mammifères possèdent, à un moment donné des fentes branchiales complètement
inutiles et qui disparaissent rapidement. Des animaux
fixés bien connus, les balanes, qui rendent rugueux les
rochers de la zone intercoticale, offrent à leur début
la forme larvaire propre aux Crustacés normaux ;
les ascidies, ou outres de mer, mollement fixées sur le
sable, ressemblent, peu après la sortie de l'œuf, à de
petits têtards où l'on découvre l'ébauche d'un verté-
bré. Que de processus indirects, de chemins divagants,
d'apparentes fantaisies, inexplicables avec la théorie
créationniste. Tout devient clair, par contre, si l'on
admet que ces anomalies répètent, en raccourci, les
phases évolutives qu'ont dû traverser les ancêtres de
ces groupes. La loi biogénétique fondamentale « l'on-
togénie est parallèle à la phylogénie » l'énonce d'une
façon lapidaire.

c) *Arguments paléontologiques.* — Mais voici la
preuve véritable, dont on peut dire qu'ell a eu presque

raison de l'intransigeance de Cuvier. Dans les régions
où les couches sédimentaires, demeurées horizontales,
peuvent être datées sans faire appel aux fossiles, on
constate que les faunes et les flores divergent d'autant
plus des faunes et des flores actuelles que l'on s'adresse
à des couches plus anciennes. Il y a donc bien eu
évolution. Sans doute, des coupures profondes apparaissent parfois, entre les deux documents livrés par
deux séries A et B chronologiquement voisines ; mais
une étude minutieuse en fournit la raison : ou bien il
s'est produit un changement dans les conditions de
sédimentation, qui s'est répercuté sur les êtres vivants;
ou bien il y a eu interruption dans la sédimentation.
Dans ce cas, en interrogeant les régions dans lesquelles
la sédimentation a été continue entre A et B, le géolo-
gue retrouve la continuité faunique attendue. On conçoit aisément qu'il y ait eu des centres favorables de
dispersion, des phénomènes de migration dont l'étude
approfondie a ruiné la doctrine des créations successives. Aussi bien, la paléontologie nous a livré des
formes de passage tout à fait démonstratives dont l'ar-
chœopteryx nous fournit l'un des meilleurs exemples,
des types synthétiques, particulièrement plastiques, tels
que Phenacodus de l'éocène, qui n'est ni carnivore, ou
herbivore, ou mieux, qui est tout cela ; des filiations
concrètes, telle que la série des membres chez les
ancêtres des chevaux. Tout créationnisme, unique ou
intermittent, ne peut que s'effriter en présence de
documents aussi probants.

Concluons : Si nous jetons un coup d'œil d'ensemble sur toutes ces données, nous devons admettre, en
toute impartialité, que la théorie transformiste est
seule capable de nous en fournir une interprétation
claire et qu'elle n'est en désaccord avec aucune d'elles.

Elle réalise donc les conditions exigées par une bonne hypothèse, et nous avons le devoir de la considérer comme solidement établie.

*
**

Autre chose est la dynamique de l'évolution. Si pour en exposer les différents aspects, nous suivons l'ordre historique, nous devons diviser le sujet en quatre arguments : lamarckisme, darwinisme, néo-lamarckisme et mutationnisme.

I. LAMARCKISME. — Conduit tout naturellement à l'idée transformiste par l'étude minutieuse des collection du Muséum. Lamarck (1744-1829) songe aussitôt à une théorie explicative. Les difficultés mêmes qu'il rencontre dans la délimitation précise des espèces lui suggèrent que celles-ci n'ont qu'une stabilité temporaire, dépendant de la stabilité du milieu ; mais si les conditions varient, les êtres varient à leur tour, d'où la production de nouvelles espèces.

Alors comment agit le milieu : en engendrant de nouveaux besoins et par conséquent de nouvelles habitudes. Prenons l'exemple classique de la girafe : habitant, dans le centre de l'Afrique, des endroits arides et sans herbage, elle a dû se résoudre à brouter les feuilles des arbres et se hausser continuellement pour y atteindre. L'habitude, longtemps soutenue, a produit un allongement exagéré des membres antérieurs et du cou, et amené cet animal à sa forme actuelle. Dans un autre domaine, chez les oiseaux nageurs, qui étalent largement leurs doigts en progressant sur l'eau, la palmure s'est développée peu à peu ; un raisonnement du même genre fournit l'explication des longues pattes des oiseaux échassiers. En définitive, le besoin crée l'organe nécessaire et l'usage l'accroît considérablement.

Il existe la contre-partie : le défaut d'usage, qui entraîne l'atrophie des organes inutiles. Ainsi, les taupes dérivent d'insectivores qui ont adopté un habitat souterrain ; dans ces nouvelles conditions, l'inutilité des yeux a entraîné une régression presque totale. Pour des raisons analogues, les reptiles quadrupèdes, accoutumés à se glisser entre les herbes et à se déplacer par ondulation du corps, sans utiliser les membres, ont peu à peu donné naissance aux serpents.

Toute la philosophie lamarckienne se résume en deux principes que leur auteur a énoncés dans sa *Philosophie Zoologique* (1809) :

1° « Dans tout animal qui n'a point dépassé le terme
» de ses développements, l'emploi plus fréquent et
» soutenu d'un organe quelconque fortifie peu à peu
» cet organe, le développe, l'agrandit et lui donne une
» puissance proportionnée à la durée de cet emploi,
» tandis que le défaut constant d'usage de tel ou tel
» organe l'affaiblit insensiblement, le détériore, diminue progressivement ses facultés et finit par le faire
» disparaître. » (*Principe de réaction éthologique ou d'adaptation*).

2° « Tout ce que la nature a fait acquérir ou perdre
» aux individus, par l'influence de circonstances où
» leur race se trouve depuis longtemps exposée, et
» par conséquent par l'influence de l'emploi prédo-
» minant de tel organe, ou par celle d'un défaut cons-
» tant d'usage de telle partie, elle le conserve par la
» génération aux nouveaux individus qui en provien-
» nent. ». (*Principe d'hérédité*).

Ces principes entraînent comme conséquence l'adaptation des êtres vivants à leurs besoins précis.

II. DARWINISME. — A l'inverse de son précurseur français, Darwin s'est peu préoccupé du problème fondamental du transformisme, c'est-à-dire de la variation individuelle, qu'il admet comme postulat préalable. Son but est principalement de rechercher comment peuvent se fixer les variations en vue de constituer des races et des espèces nouvelles. Déjà, des études très longues et très minutieuses, sur les animaux domestiques et les plantes cultivées, lui ont montré l'importance de la sélection. D'autre part, le « Traité de la Population », de Malthus, lui enseigne que, sur une surface terrestre déterminée, la population augmente en progression géométrique, tandis que les moyens de subsistance n'augmentent qu'en progression arithmétique. De ce fait doit résulter une lutte acharnée, à la suite de laquelle succombent les moins bien doués.

« Lorsque, par une belle soirée d'été, les oiseaux
» tranquilles font retentir autour de nous le bruit de
» leurs chants, lorsque la nature entière ne semble
» respirer que la paix et la sérénité, nous ne pensons
» pas que tout ce bonheur repose sur un vaste et
» perpétuel anéantissement de la vie ; car les oiseaux
» se nourrissent d'insectes, et de graines et de plantes;
» nous oublions aussi que ces chanteurs, dont nous
» recueillons les accents, ne sont que les rares survi-
» vants d'entre leurs frères qui ont été sacrifiés aux
» oiseaux de proie et aux ennemis de tous genres qui
» dévastent les nids, ou qui ont succombé aux rigueurs
» des saisons, de la disette, de la froidure, etc. » Hécatombes terribles dont le résultat est comparable à

l'élimination, par les éleveurs, des sujets peu satisfaisants.

Quel va être l'effet de la sélection naturelle ? Voici un troupeau de girafes chez lesquelles il existe naturellement des différences dans la longueur du cou et des membres antérieurs. Qu'il survienne des périodes de disette ; les individus qui subsisteront sont évidemment ceux qui, ayant la taille la plus haute, pourront brouter les feuilles que les autres n'auront pu atteindre : seuls, ces survivants feront souche, ce qui assurera la transmission de la variation utile. Les mêmes actions se continuant, la girafe sera conduite peu à peu à sa forme actuelle. Quand les insectivores, ancêtres des taupes, ont adopté exclusivement le domaine souterrain, ils ont eu à compter avec les traumatismes oculaires. Les petites variations individuelles, qui devaient exister relativement aux dimensions des yeux, les ont placés dans des conditions différentes, les animaux à grands yeux étant plus exposés aux lésions oculaires que leurs semblables. La sélection naturelle éliminant peu à peu ceux-ci, on conçoit aisément qu'avec le temps, les yeux aient presque disparu.

Non seulement les caractères utiles sont conservés par la sélection, mais aussi tous ceux qui leur sont corrélatifs. Ainsi, les porcs noirs de Virginie ont éliminé peu à peu les porcs clairs, parce que ceux-ci sont intoxiqués par certaines racines, alors que les autres sont immunisés. D'autre part, la variation par sélection naturelle pourra produire simultanément des effets variables : ici, le mieux doué pourra être le plus fort, ailleurs, le plus agile, parfois même le plus terne ; la même espèce se scindera alors en plusieurs rameaux divergents. Enfin Darwin conçoit que, même en l'absence de sélection, une régression pourra continuer si les organes utiles attirant à eux plus de nourriture, se fortifient au détriment des rudiments. (*Principe de l'économie de croissance*).

Darwin fait appel à un autre mode de sélection, la sélection sexuelle, pour interpréter les cas de dimorphisme sexuel. Les mâles qui l'emporteront sur leurs rivaux par leurs armes (cerfs), leur parure (coqs et faisans), leur chant (rossignol), leurs danses (combattants), ont, pour des raisons différentes, plus de chances de procréer et, par conséquent, de transmettre leurs caractères spéciaux, donc de donner naissance à des races ou des espèces nouvelles.

En résumé, si la théorie de Darwin demeure discrète relativement à la cause même de la variation, elle conduit à l'adaptation par élimination des moins aptes ; notons qu'elle admet également l'hérédité des caractères sélectionnés.

III. Néo-Lamarckisme. — Si vraisemblables qu'aient pu paraître, un moment donné, les interprétations de Lamarck et de Darwin, elles ne pouvaient satisfaire pleinement les biologistes. En regard des caractères utiles, qui donnent prise à l'habitude ou à la sélection, il en existe une foule : les écailles des papillons, par exemple, qui sont indifférents et qui néanmoins, ont présenté des variations. Aussi, nombre de biologistes ont-ils cru devoir ajouter, aux facteurs purement lamarckiens, d'autres actions modificatrices, celles du milieu, tout en conservant la sélection comme agent secondaire de régulation des faunes. A cette conception plus compréhensive, on donne le nom de néo-lamarckisme : brillamment développée par notre maître, Edmond Perrier, elle rallie actuellement la majorité des biologistes français.

Sans doute l'action du milieu semble s'inscrire à chaque instant sur l'être vivant : le séjour du citadin à la mer ou à la montagne produit le hâle de la peau : influence de la lumière ; le changement saisonnier de pelage des mammifères, la mue des oiseaux semblent sous la dépendance du froid ; les fermières connaissent l'action de l'humidité sur la ponte des volailles, l'action du régime alimentaire sur la qualité de la chair, etc. En réalité, une analyse expérimentale de ces phénomènes peut seule dissocier les causalités précises, d'autant plus que le mot milieu désigne souvent un complexe de conditions extrêmement touffu : nulle part la recherche scientifique n'a été plus abondante, ni en apparence plus favorable.

Il faudrait un volume entier pour citer les expériences relatives à l'action du milieu : expériences naturelles réalisées dans des circonstances bien connues, ou bien expériences instaurées en vue d'isoler un facteur bien déterminé. En voici quelques-unes choisies entre des centaines :

Chez les animaux. — Kammerer constate qu'à la lumière, des protés décolorés reprennent leurs pigments ; Crépin signale que des races lanigères de chèvres, transportées au Mexique, prennent un poil plus raide et raréfié, tandis que le cuir devient plus épais ; Beebe constate, et nous l'avons vérifié nous-même, qu'on peut arrêter la mue des oiseaux en les maintenant à une température constante. Opérant sur les papillons, dont les pigments se forment durant le stade pupe, Standfuss observe qu'en exposant au froid des pupes de Vanessa urticœ, il obtient, après la métamorphose des individus dont la couleur, plus assombrie, rappelle celle de V. polaris (variété norvégienne). Par contre, l'action de la chaleur lui fournit, dans des conditions semblables, la variété de Corse, (rouge plus vif avec des taches noires). Concernant l'alimentation, rappelons les expériences de Houssay qui, soumettant des poules au régime carné exclusif, constate une transformation aquiline du bec, un amincissement du gésier, une augmentation de longueur de l'intestin, et même une variation dans le dimorphisme sexuel. Aussi bien, c'est au mode d'alimentation qu'il faut attribuer la diminution dans la capacité laitière des vaches de race hollandaise, transportées dans les Ardennes ; la saveur spéciale de la viande des moutons dits de pré-salé, etc. — Enfin, les travaux de Houssay, relativement à la forme des poissons, établissent qu'elle est exactement conforme à celle que produiraient les réactions mécaniques du liquide ambiant sur un solide plastique, progressant horizontalement.

Chez les végétaux, l'expérience n'est pas moins intéressante : transportant, dans les jardins alpins, des graines récoltées sur des plantes de plaine G. Bonnier constate que, dès la première génération, certaines espèces, et notamment les topinambours, prennent le facies alpin (diminution de l'appareil aérien, augmentation de l'appareil souterrain). Lothelier soumet des ajoncs, plantes des landes sèches, à l'action constante de l'humidité, et observe la transformation des piquants en feuilles aplaties ; Costantin, opérant sur la sagittaire, et maintenant sous l'eau des feuilles qui doivent émerger, en change complètement la forme.

Ainsi, les facteurs physico-chimiques (lumière, chaleur, alimentation), ou mécaniques (réactions du milieu, pression, etc.), ont une influence directe et souvent immédiate sur les végétaux et les animaux. Et, chose suggestive, la plupart des variations provoquées ont justement pour effet de conduire l'être vivant vers la forme qui prospère naturellement dans les conditions mises en jeu (exp. de Standfuss; pigmentation de la peau du blanc, sous l'influence de la lumière). En outre, comme dans le cas des écailles des papillons, cette action du milieu peut rendre compte de l'évolution des caractères qui n'ont aucun rapport avec l'usage et l'utilité. On conçoit, dès lors, que la théorie néo-lamarckienne ait pu être considérée, à un moment donné, comme une explication définitive du mécanisme de l'évolution : un examen plus approfondi des faits n'a pas tardé à amener une réaction.

*
**

Sans pénétrer à fond dans le vif de la discussion, nous devons néanmoins signaler les principales objections ; elles portent, soit sur les mécanismes, soit sur le principe de l'hérédité.

I. Les Causalités. — A la base du lamarckisme, nous trouvons sans doute un fait judicieux : le phénomène de régulation fonctionnelle qui adapte l'organe au besoin ou à l'habitude : l'histoire du bras du forgeron, du mollet du coureur, est trop évidente pour que la chose puisse être contestée. Mais est-il possible d'assurer, à un organe, une variation indéfinie capable de rendre compte, par exemple, du cou de la girafe. Absolument rien ne le prouve. On objectera bien que, par l'entraînement, les éleveurs sont arrivés à obtenir, chez les chevaux de course et par l'entraînement, des performances vraiment inattendues. Mais la sagacité de l'entraîneur a dû s'exercer auparavant sur le *choix des sujets* ; et il n'aurait rien obtenu s'il n'avait discerné préalablement *l'aptitude.* Concernant les régressions, on peut se demander pourquoi les taupes, qui existent depuis l'éocène, possèdent encore des yeux minuscules, pourquoi les mammifères sont encore encombrés d'organes rudimentaires : châtaignes, stylets métacarpiens du cheval, cœcum et appendice vermiforme de l'homme, etc.

De même, les actions du milieu ne sont pas toujours adaptatives. Le grand chapitre de l'immunité acquise relève bien d'actions du même genre et il illustrerait définitivement l'histoire des adaptations défensives, si Ch. Richet n'avait mis en lumière un phénomène exactement contraire : l'anaphylaxie, c'est-à-dire la sensibilisation artificielle d'un sujet. Ainsi, après avoir reçu sans danger une injection de certaines substances (congestine, albumine), un chien ne résiste pas à une seconde injection, même réduite, faite après quelques jours d'intervalle. Concernant les expériences de Houssay, relatives aux poules carnivores, nous avons montré, ailleurs, qu'elles sont susceptibles d'une autre interprétation plus rationnelle, etc.

Quant à la sélection naturelle, elle intervient sans doute, dans la régulation des faunes, et, de ce fait, elle opère un triage dans les variations, mais peut-elle, comme on l'a pensé, déplacer, dans le sens qui convient, la moyenne même d'un organe (cou de la girafe, par exemple). Des expériences récentes semblent l'infirmer. Elevant des Paramécies (infusoires d'eau douce), Jennings observe, dans ses cultures, de grandes différences individuelles : la sélection des plus grands lui permet bien d'augmenter la moyenne de la taille. Mais s'il isole un certain nombre de sujets et s'il les cultive en *lignées pures*, il constate que les descendants oscillent très peu autour du générateur. En réalité, le lot primitif comportait un certain nombre de races se distinguant par la taille, la structure, la fréquence des divisions cellulaires, et la sélection n'a fait qu'isoler ces races, sans rien créer de nouvelles. Même observation et mêmes résultats chez les haricots étudiés par Johannsen. On pourrait objecter, à cela, l'exemple des transformations, vraiment extraordinaires, présentées par les animaux domestiques : engraissement chez le porc, taille des bœufs, ponte de la poule, qualités laitières de la vache ; mais, comme dans le cas du cheval de course, la sélection artificielle n'a rien créé : l'éleveur a isolé tout simplement ce qui existait à l'état potentiel et en a assuré le plein rendement.

Et puis, comment expliquer, par la sélection, la fixation des variations minimes, dont Darwin faisait un si grand cas. Le plus ou moins de réduction des doigts latéraux d'un hipparion n'a aucune influence sur la rapidité de la course ; poursuivis par des carnivores, les hipparions, voués à la destruction, sont, en réalité, les très jeunes et les vieux.

Enfin le parti que Darwin a tiré de la sélection sexuelle ne cadre plus avec les faits récents. Il considère les caractères avantageux du mâle comme des entités autonomes ; or, bien des expériences et nos recherches sur les Gallinacés entr'autres, ont montré que ces caractères sont en corrélation chimique avec les secrétions internes des glandes sexuelles et forment normalement un complexe mal dissociable. Même, chose inattendue, l'arme de combat du mâle : ergot du coq, par exemple, n'est en rapport avec la sexualité mâle ; ainsi, un coq neutralisé, conserve ses ergots, sans en jamais faire usage ; mieux encore, une poule privée de l'ovaire prend immédiatement et intégralement l'éperon et la livrée du coq. Et puis, chez certains animaux, les organes qui leur assureraient l'avantage au point de vue de la sélection sexuelle, les mettent en état d'infériorité au point de vue de la sélection naturelle : témoin, les cornes si encombrantes du cerf, la crête exagérée des coqs de jungle, qui rayonne en pure perte une quantité énorme de chaleur. En définitive, toutes les causalités énoncées renferment des indications intéressantes, des suggestions précieuses, mais on peut dire qu'aucune d'elle ne tranche définitivement et clairement le débat.

II. L'Hérédité. — Le terrain est encore plus mouvant concernant le postulat en apparence vraisemblable, admis par les trois écoles relativement à l'hérédité des variations.

Avec Cuénot, nous définirons comme caractère acquis, « une modification qui se produit à n'importe quel âge, qui est visiblement l'effet d'une » cause extérieure et accidentelle, à tel point que si » cette cause n'intervenait pas, la modification ne se » produirait assurément pas. »

Or, il n'est nullement démontré, au contraire, que les caractères ainsi provoqués soient héréditaires. On peut déjà le soupçonner en constatant la rapidité avec laquelle les vaches hollandaises, transportées dans une région différente, et soumises à un régime alimentaire moins soigné, perdent leurs qualités laitières ; que les plantes de plaine, transportées en montagne, perdent immédiatement les caractères de plaine, acquis depuis la dernière période glaciaire ; que l'action de la lumière sur la peau n'est durable que si elle est renouvelée et, en tout cas, qu'elle ne se perpétue pas d'une génération à l'autre ; que les effets de l'entraînement ne sont pas davantage héréditaires et que l'entraînement doit être recommencé par chaque individu ; même qu'il nous est impossible, dans une classe homogène, de distinguer d'une façon précise, d'après les particularités des élèves, les adaptations spéciales des parents.

Pour plus de clarté, interrogeons l'expérimentation. Standfuss, dans les expériences précitées, relatives à l'action du froid sur Vanessa urticœ, opère sur 8.231 pupes et n'obtient que 42 individus mélaniques ; l'influence du froid n'est donc pas générale, ce qui laisse supposer, chez les 42 sujets, l'existence d'un facteur individuel spécial. Choisissant les plus sombres d'entre eux, il les accouple, et en obtient 200 pupes qui, placées dans les conditions de chaleur normale, lui fournissent seulement 4 papillons mélanisés. L'expérience n'est pas favorable à l'hérédité des caractères acquis, et encore, avons-nous choisis l'une de celles où le résultat s'est montré positif.

Il n'y a rien d'étonnant à cela. Weismann a montré, le premier, que le corps d'un animal comprend deux parties distinctes, le germen, c'est-à-dire les cellules sexuelles, et le soma, qui en est le porteur périssable. Or, il y a, jusqu'à un certain point, indépendance des deux parties : le germen se sépare de très bonne heure du soma, et même, chez les Insectes, dès les premiers stades de la segmentation. Il évolue indépendamment de l'organisme, indifférent souvent aux actions qui modifient le soma. Ainsi, Castle et Phillips, substituent aux ovaires de cobaye blanc, les ovaires pris sur un cobaye noir de race pure. Accouplant ensuite, avec un mâle blanc, la femelle blanche, à ovaires

« noirs », ils obtiennent exclusivement des produits
à pelage noir, ce qui montre les ovules « noirs »
n'ont pas été modifiés par le porteur. D'ailleurs,
n'oublions pas que le germe est un œuf, c'est-à-dire
une cellule qui, morphologiquement parlant et aux
potentialités de développement près, ressemble exactement à toutes les autres. Dans ces conditions, le problème de l'hédérité des caractères acquis se pose logiquement de la façon suivante : *Comment une variation, qu'une cause extérieure a provoquée dans les
cellules somatiques, peut-elle s'inscrire dans les cellules séminales ?* Cette inscription ne nous paraît guère
possible.

Transposé à la peau du blanc, le problème actuel se
présente de la manière suivante : le soleil, en hâlant
les téguments exposés à la lumière, a bien produit
une modification somatique, mais cette modification
n'a nullement touché l'assise génératrice de l'épi-
derme, aussi n'est-elle pas durable. Par contre, la
pigmentation du nègre est permanente parce que cette
pigmentation est une propriété essentielle, inscrite
dans les cellules germinatives de la peau. Le hâle de
la peau d'un blanc ne le rapproche donc du nègre
qu'en apparence ; *la lumière vive a déclanché une
modification individuelle ; elle n'a pas produit de
variation vraiment évolutive.*

Mais, objectera-t-on, l'alcool, la syphilis, provoquent
des anomalies héréditaires : d'accord, mais il se trouve
justement que l'alcool, comme certaines toxines et
comme certains régimes alimentaires défectueux agissent sur les glandes reproductrices, lesquelles sont
plus que tout autre tissu, sensibles à certains poisons.
Si bien que les anomalies en question ne signifient pas
grand chose dans le cas présent. Et même, dans les

conditions plus précises des expériences de Standfuss, il faut bien admettre que la modification produite par le froid chez les sujets à hérédité positive a produit des variations chimiques qui ont exceptionnellement affecté les glandes reproductrices, (induction parallèle).

Ainsi, autant l'animal ou la plante semblent plastiques, autant les cellules sexuelles nous apparaissent comme gardiennes d'un patrimoine héréditaire intangible. Au fond, l'action de l'habitude, d'influence du milieu nous ont montré qu'un être vivant est capable d'évoluer dans différentes directions, suivant les conditions qui lui sont offertes; mais la multiplicité même de ces directions ou mieux, l'extériorisation des potentialités multiples ne résout nullement le problème transformiste. Nous sommes arrivé à un point qui appelle une analyse minutieuse de l'hérédité et des propriétés des cellules reproductrices.

L'ÉVOLUTION DES ESPÈCES

(SUITE)

Par A. PÉZARD

professeur de zoologie

à l'Ecole Normale Supérieure de Saint-Cloud

DEUXIÈME CONFÉRENCE

La Théorie de la Mutation

I. L'HÉRÉDITÉ MENDÉLIENNE. — C'est à un moine obscur, l'abbé Grégor Mendel, du couvent des Augustins de Brünn (Autriche), que nous sommes redevables de l'une des plus importantes découvertes qui aient jamais été faites dans le domaine de la biologie. Les résultats de ses longues recherches, relatives à l'hybridation chez les pois, parurent dans le Bulletin de la Société d'Histoire Naturelle de Brünn, en 1866. L'année précédente, il est vrai, un botaniste français, Naudin, avait publié dans les « Nouvelles Archives du Muséum », une étude du même genre, qui l'avait conduit à des conclusions semblables, mais exprimées d'une façon un peu vague : le nom de notre compatriote mérite d'être associé à celui du génial autrichien. Malgré leur intérêt, les découvertes de Mendel et de Naudin passèrent inaperçues et restèrent à peu près ignorées jusqu'en 1900. A ce moment, trois botanistes, de Vries, Tschermak et Correns, travaillant séparément, redécouvrirent et firent connaître les lois de l'hérédité mendélienne ; en 1902, Cuénot et Bateson montraient, par d'ingénieuses expériences, que ces lois s'appliquent également aux animaux ; depuis, une foule de chercheurs ont étendu, précisé ou généralisé ces lois et dégagé leur importance au point de vue de l'évolution ; aussi donne-t-on encore, à la théorie mutationniste, le nom de théorie mendélienne.

La méthode de Mendel, qui a été suivie par tous ses continuateurs, consiste à croiser des formes différant par des *caractères bien visibles*, à suivre ces caractères dans les générations successives et à compter le nombre de decendants, présentant les uns ou les autres. Pour en dégager la signification et la portée, interrogeons les expériences de Cuénot sur les souris.

a) Monohybridation. — Cuénot croise une souris grise et une souris blanche de races pures ; les descendants obtenus présentent un pelage gris uniforme, quel que soit, d'ailleurs, le sexe du parent gris. Ce que l'on sait de la fécondation (union des deux gamètes) et de la multiplication cellulaire à partir de l'œuf, permet d'affirmer la double origine parentale des cellules du tégument. Si les sujets de la première génération ont un pelage gris, c'est que le caractère gris domine le caractère blanc, le premier est dit *dominant* et l'autre *récessif.*

Cette conception est inexacte et le caractère blanc est bien latent, car si on croise entre eux les sujets de

la première génération G 1, on voit réapparaître les
blancs dans l'élevage dès la deuxième génération, G 2,
et toujours dans la proportion de 1 blanc pour 3 gris.
Les blancs ainsi obtenus sont de race pure, car, si on
les croise entre eux, on n'obtient que des descendants
blancs ; — les gris G 2 se subdivisent en deux catégories; par un procédé indirect (ici, les végétaux présentent un avantage, l'autofécondation étant possible),
on peut montrer que le tiers des gris est également de
race pure, tandis que les deux tiers sont de race
mélangée et en tous points semblables aux sujets G 1 :
croisés entre eux, ils donneraient des gris et des blancs
dans le rapport 3 : 1.

Partant de ces résultats expérimentaux, essayons de
comprendre les propriétés des cellules sexuelles. Tout
s'explique si l'on admet que, lors de la formation
des gamètes, dans la génération G1 , il s'est effectué
une *dissociation* cellulaire qui a entraîné leur purifi-
cation. De ce fait, l'élément mâle comme l'élément
femelle ne portent que l'un ou l'autre caractère du
pelage, mais non les deux. Cette hypothèse n'est pas
absurde, à priori, puisque les gamètes ne renferment
qu'un demi noyau. — Désignant par P, les parents
qui ont servi de point de départ, par g les matériaux
des gamètes desquels dépend le pelage gris, (*facteur*
ou *déterminant* gris), par b les matériaux des gamètes
desquels dépend le pelage blanc (facteur ou déterminant blanc), nous pouvons dresser le tableau suivant :

Gamètes des parents P.. g b
Formule uniforme des sujets G1. gb (pelage gris dominant).
Formation des gamètes chez G1.   { Gamètes mâles.. g .... b
                                 { Gamètes femelles g .... b
Combinaisons possibles G2.... gg gb bg bb

gg : gris race pure ; *gb* et *bg* : gris race mélangée ;
bb : blanc race pure.

On retrouve ainsi le rapport 3 : 1 ou mieux :
1 : 2 : 1. Ajoutons que les sujets de race pure sont
dits : *homozygotes*, les autres : *hétérozygotes*.

Ce rapport numérique se vérifie chez les végétaux
avec une étonnante précision : dans une de ses expériences sur le pois, Mendel a trouvé 6.022 graines
jaunes pour 2.001 graines vertes ; dans une autre,
5.877 graines rondes pour 1.850 graines ridées (couleur jaune dominante, ainsi que forme lisse).

L'expérience décrite, dans laquelle les parents ne
diffèrent que par un seul caractère (monohybridation), fournit l'équation différentielle de l'hérédité
mendélienne. Evidemment, on doit se demander ce
qui arrive quand les parents diffèrent par 2, 3, 4...
n caractères.

b) *Dihybridation.* — Cuénot croise entre elles des
souris qui diffèrent, non plus seulement par le pelage,
mais aussi par le mode de locomotion : souris grises,
à démarche rectiligne (*g*, *r*) et souris blanches, à
démarche tournoyante ou souris valseuses (*b*, *v*). En
appliquant à deux caractères la règle de dissociation
énoncée précédemment, on peut chercher à prévoir
ce que donneront les croisements successifs :

Gamètes des parents ...   *gr*   *bv*

Formule uniforme de G₁   *grbv* { Sujets gris, à démarche rectiligne
                                  donc : *g* domine *b*
                                  — *r* — *v*

Formation des gamètes chez G₁. { Gamètes mâles.. *gr gv br bv*
(dissociation des facteurs)   { Gamètes femelles *gr gv br bv*

Combinaisons possibles G₂ . . . .

$$
\begin{cases}
grgr & grgv & grbr & grbv \\
gvgr & gvgv & gvbr & gvbv \\
brgr & brgv & brbr & brbv \\
bvgr & bvgv & bvbr & bvbv
\end{cases}
$$

Soit en tout : 16 combinaisons possibles : 9 sujets gris rectiligne (1)

—	—	3 — gris valseur
—	—	3 — blanc rectiligne
—	—	1 — blanc valseur

Et toujours 12 gris pour 4 blancs, et 12 rectilignes pour 4 valseurs. L'expérience confirme très exactement le résultat prévu. On remarquera que parmi les 16 combinaisons, deux seulement réalisent la formule grand-parentale : *grgr* et *bvbv*.

c) *Polyhybridation.* — Dans le cas où les sujets différeraient par trois caractères, on obtiendrait, de la génération G 1, huit sortes de gamètes de chaque sexe, qui, combinés entre eux, fourniraient 64 combinaisons possibles, et morphologiquement, 8 catégories différentes numériquement proportionnelles à 27-9-9-9-3-3-3-1, avec deux combinaisons grand-parentales seulement. Une généralisation sommaire montre qu'avec n caractères contrastants, il se produit 2^n sortes de gamètes et 2^{n2} constitutions héréditaires, constitutions qui ont reçu le nom de *génotypes*. Bien qu'il relève de calculs très simples, le problème présente bientôt une complexité inouïe.

Pour résumer les points acquis, signalons les trois lois qui les condensent, en langage précis : elles sont empruntées à de Vries.

1° *Caractères-unités.* — L'hérédité d'un organisme

(1) Nous nous excusons de ce langage, d'une concision incorrecte.

peut se décomposer en une série de caractères-unités,
qui sont hérités comme des unités indivisibles.

2° *Dominance.* — Les caractères contrastants pré-
sentés par les parents, ne se mélangent pas habituellement chez les descendants, l'un est dominant et par-
vient à son expression complète ; l'autre est récessif
et échappe temporairement à la vue.

3° *Disjonction.* — Chaque cellule sexuelle est pure
par rapport à un caractère-unité quelconque, même si
elle provient d'un parent impur ou hybride.

d) *Commentaire.* — Au fond, ces lois introduisent
dans les phénomènes d'hérédité les deux notions de
discontinuité et de *latence.* Or, la vie courante nous
fournit à chaque instant l'occasion de les vérifier.
Ainsi on connaissait, depuis longtemps, les faits d'ata-
visme ou de réversion: ressemblance avec un ancêtre
plus ou moins éloigné ; ces faits correspondent à la
reconstitution accidentelle, mais rigoureusement possible de génotypes ancestraux. D'autre part, les
éleveurs savent qu'il existe des différences considéra-
bles entre des reproducteurs apparemment identiques,
ces différences étant jugées par la qualité des descendants ; c'est bien ce que nous enseignent les lois de
Mendel lorsqu'elles rendent explicite, par la reproduction, la différence qui existe entre deux sujets
apparemment semblables (l'un homozygote, l'autre
hétérozygote). Enfin, si nous voulons une image de la
« discontinuité », examinons soigneusement la petite
basse-cour d'une ferme française. Un coq et quelques
poules, de race plus ou moins pure y picorent tran-
quillement. La fermière recueille les œufs, les met
à couver, et il en sort des poussins qui sont bien de
la maison. Ceux-ci grandissent, deviennent adultes,

assurent à leur tour le peuplement, et les choses conti-nuent jusqu'au moment où la fermière, par fantaisie ou par calcul, désireuse de renouveler l'élevage, y introduit un « sang » nouveau, de provenance exté-rieure. Il se fait ainsi, à la pureté originelle près, une foule d'expériences mendéliennes. L'observation banale nous enseigne que les volailles obtenues ne réalisent jamais la moyenne arithmétique de leurs ascendants directs, mais qu'elles présentent des mosaï-ques de crêtes et de plumages qu'on dirait empruntées à un habit d'Arlequin et dans lesquelles un œil exercé peut discerner différentes races. Exceptionnellement, un sujet de race Leghorn doré, Dorking, Fave-rolles, peut surgir brusquement d'un tel mélange, au hasard des fécondations, témoignage momentané d'un croisement lointain : sa pureté, souvent plus appa-rente que réelle, se dilue bientôt dans des génotypes particulièrement troubles. Ainsi apparaît, grâce aux efforts combinés, ou mieux, à l'interpénétration de l'analyse expérimentale et de la pratique courante, cette idée féconde que *notre hérédité est faite de pièces et de morceaux, potentiels ou extériorisés :* telle est l'essence de la doctrine mendélienne.

II. EXCEPTIONS APPARENTES. — En concluant de la sorte, nous mettons visiblement « la charrue avant les bœufs ». Il convient, en effet, devant un énoncé aussi catégorique, de se demander si la généralisation des lois de Mendel est légitime. En réalité, il y a bien des exceptions apparentes, mais il a été reconnu le plus souvent qu'elles proviennent de complications secon-daires qui n'altèrent pas le fond même de la doctrine. La clarté même du débat exige que nous en citions quelques-unes.

1° Par exemple, la dominance est parfois incomplète, comme l'indique le cas des poules andalouses, étudié par Bateson. Il existe, dans cette race, une variété blanche et une variété noire. Si on les croise entre elles, les sujets de la première génération ont un plumage bleuté (mélange de points noirs et de points blancs). Dès la deuxième génération, la dissociation fournit des sujets appartenant à trois catégories : blanche, bleue, noire, dans la proportion 1 : 2 : 1. Ici, le caractère hétérozygote s'extériorise nettement, mieux que dans les expériences fondamentales, nous ajouterions même, d'une façon plus intéressante au point de vue pédagogique. — Autre complication : Cuénot a mis en évidence des cas d'*hérédité oscillante* en croisant des souris grises et des souris panachées : la génération G_1 fournit des sujets gris qui, accouplés entre eux, donnent 3 gris pour 1 panaché ; les panachés présentent des différences inaccoutumées dans l'étendue des taches blanches. Or, si on sélecte les plus panachés, on obtient des sujets chez lesquels progressent les zones blanches, sans que toutefois le pigment gris puisse jamais diparaître complètement.— Il existe également un *mode infixable,* dont on peut se rendre compte aisément sur les volailles de race Houdan, Dorking et Faverolles. Toutes possèdent un 5ᵉ doigt (caractère considéré comme dominant (1) par rapport au type normal). Or, quelle que soit la sélection opérée par les éleveurs, on voit de temps en temps apparaître, dans les lignées les plus pures, des sujets à 4 doigts et inversement, le 5ᵉ doigt apparaît parfois dans les races pures tétradactyles. En tout cas,

____

(1). Des expériences en cours ne nous permettent pas de considérer comme fondée cette dominance même provisoire admise par les généticiens américains.

ces trois modes spéciaux peuvent recevoir une explication, en atténuant la rigidité du mécanisme mendélien.

2° *L'hérédité mêlée* constitue une objection plus grave et semble nous ramener à la continuité. Tel est le cas des mulâtres, dont la peau a une couleur intermédiaire entre celle des parents. A la deuxième génération, il n'apparaît pas de noir pur ou de blanc pur, mais des types plus ou moins intermédiaires. D'autre part, si un mulâtre s'unit à une blanche ou à une noire, il donne des sujets plus clairs ou plus foncés. Nous nous trouvons ainsi en face d'une fusion, d'une moyenne, que les lois de Mendel excluent radicalement. Davenport, qui a étudié soigneusement le cas, a démontré que la peau du nègre renfermait en réalité trois pigments : noir, jaune et rouge, se répartissant en deux facteurs dissociables. Soit A et B ces deux facteurs, qui manquent ou sont très atténués chez le blanc, où nous les représentons par a et b. L'hérédité du mulâtre rentre alors dans la catégorie des dihybrides où 16 combinaisons G_2 sont possibles, deux seulement rappelant les types purs, les 14 autres réalisant des combinaisons intermédiaires. La faible natalité donne la raison pour laquelle on obtient habituellement des sujets intermédiaires et très rarement des types grand-parentaux, néanmoins possibles.

3° Enfin, il existe un cas plus complexe désigné sous le nom *d'hérédité liée au sexe* ou hérédité sex-linked, au sujet duquel les Gallinacés vont nous renseigner. Il existe une race de volailles très jolie : la Hambourg crayonnée qui présente deux variétés, l'une argentée, l'autre dorée. Si l'on croise une poule Hambourg argentée avec un coq doré, toutes les poulettes obtenues sont dorées et tous les coquelets sont argentés. D'ingénieuses expériences, dues à Morgan et Goodale interprètent ce résultat en admettant l'existence d'une corrélation entre le facteur pigment et le facteur déterminant le sexe ; si bien que par un choc en retour, l'hérédité sex-linked leur fournit un argument en faveur d'une théorie mendélienne de la sexualité.

4° Avec les *caractères sexuels secondaires*, nous devons momentanément quitter l'hérédité purement mendélienne. Ces caractères comprennent toutes les particularités autres que les glandes reproductrices, qui distinguent le mâle de la femelle : par exemple, armes de combat, parures, instinct batailleur, etc., chez les coqs ; dispositions incubatrices, glandes annexes, etc., chez les poules. — La transmission de ces caractères, en apparence banale, apparaît à la réflexion comme bien singulière puisqu'elle est réglée par le sexe du sujet, et d'une façon linéaire, alors que la transmission mendélienne (pelage des souris) est indépendante du sexe et que les caractères soumis à l'hérédité sex-linked sont habituellement croisés. L'expérimentation nous apporte, de cette filiation directe, une interprétation aussi rigoureuse qu'on pourrait le désirer. Nous avons démontré que, chez les Gallinacés, les caractères sexuels secondaires sont sous la dépendance immédiate de substances chimiques ou hormones élaborées par les glandes reproductrices, et même qu'il existe un rapport numérique précis entre la quantité d'hormone nécessaire, le développement du caractère et le moment d'apparition. Si nous revenons ici sur cette question, à laquelle nous avons fait allusion dans la critique de la sélection sexuelle, c'est parce qu'elle nous intéresse de nouveau, et à double titre. Tout d'abord, cette corrélation nous ramène, par voie détournée, aux lois de Mendel, dans l'hypothèse où la glande sexuelle est elle-même conditionnée par un facteur mendélien, (cela n'est pas définitivement démontré toutefois); ensuite parce que nos recherches et celles de Goodale ont mis en évidence, d'une façon indiscutable, la réalité d'une notion très importante au point de vue de la mutation: celle des *potentialités*. Une poule, privée de son ovaire prend immédiatement les ergots du coq, et à la mue suivante, le plumage mâle intégral. Qu'est-ce à dire, sinon que ces caractéristiques soi-disant masculines y étaient normalement latentes, potentielles ou mieux, récessives, pour employer la terminologie mendélienne, et que la suppression de l'hormone ovarienne a suffi pour transformer cette récessivité en dominance ? Nous sommes arrivé ici à la limite actuelle de la question.

III. Conclusion. — Le moment est venu de conclure définitivement. Il a été démontré que les lois de Mendel, si elles s'appliquent particulièrement aux caractères extérieurs, cadrent aussi avec la transmission de particularités physiologiques et des anomalies stératologiques. On peut donc, sous réserve de nouvelles vérifications, admettre qu'elles englobent tous les caractères. *Dans ces conditions, l'œuf fécondé ou zygote apparaît comme un agrégat de facteurs indépendants dont le milieu assure le développement.* Notion fondamentale, qui fait songer à la théorie moléculaire, mais avec une différence: tandis que la molécule chimique est constituée par des atomes qui sont des unités statiques, les facteurs mendéliens représentent seulement des points de départ indispensables au développement et équivalent à des unités dynami-

ques. — On a quelque raison de supposer que les facteurs figurent réellement dans le noyau de l'œuf, ou
mieux dans les chromosomes, qui se sont préalablement dédoublés et épurés lors de la formation des
gamètes. Cette allégation, toutefois, n'est qu'une hypothèse très plausible ; elle ne constitue pas une certitude définitive (1). En tout cas, il résulte bien de tout
ceci que la destinée d'un organisme est scellée d'une
façon définitive à la suite de la fécondation, et en
fonction des caractères de la double lignée ancestrale.
Dans ces conditions, sous quel aspect nouveau apparaît le problème de l'évolution des espèces ?

*
* *

I. La Mutation. 1º *Le phénomène externe.* — On
désigne sous le nom de mutation une variation qui
apparaît brusquement dans un lot homogène d'ani-

(1). Depuis nos conférences, nous avons reçu un travail
très important et très documenté : « Le sexe et le développement des caractères sexuels ». (Imprimerie gouverne-
mentale. Moscou. 1922), dans lequel l'auteur, le Professeur
Zawadowsky, ayant redécouvert tous nos résultats relatifs
à la sexualité des Gallinacés, conclut à l'*identité des hormones et des facteurs mendéliens.* Cette conclusion nous paraît trop absolue.. Sans entrer ici dans le vif de la question,
nous devons signaler que, dans toute croissance sexuelle à
conditionnement hormonique entrent en jeu deux agents :
1º l'ébauche infantile, qui relève directement du dynamisme
mendélien ; 2º l'hormone conditionnante qui en est indépendante. Toutefois, les hormones peuvent agir sur les déterminants mendéliens. Partant de cette idée, nous avons pu
émettre tout récemment, au sujet de l'hérédité sex-linked
chez les moutons et chez les coqs, une théorie nouvelle dans
laquelle entrent en jeu les facteurs mendéliens et les facteurs hormoniques. (A. Pézard et F. Caridroit. L'hérédité
sex-linked chez les Gallinacés. C. R. Ac. Sciences. 13 novem-
bre 1922. — L'action des hormones sexuelllessur la valence
relative des facteurs mendéliens chez les Ovins. Id. 27 no-
vembre 1922).

maux ou de végétaux, placés dans les mêmes conditions de milieu, variation qui se montre immédiatement héréditaire. On conçoit aisément que l'intensité en puisse varier et qu'on puisse découvrir ici, une variation considérable, ailleurs, une variation minime, mais avant tout, la conservation par transmission constitue la condition absolue de la mutation. De plus, une fois produite, la mutation se perpétue sans grand changement, indépendamment des conditions de milieu : ainsi se trouve formée brusquement, soit une race nouvelle, soit même une espèce élémentaire.

Quelques exemples de mutations sont classiques. Le plus connu porte sur un Onagre : Œnothera Lamarckiana, originaire d'Amérique, importée en Europe en 1756, et soigneusement étudiée par H. de Vries. Après l'avoir observée dans un champ à Hilversum, près d'Amsterdam et constaté des variations insolites, il l'ensemença dans son jardin botanique, à Amsterdam, et en quelques années, parvint à isoler une foule de sous-espèces stables : Œ Lœwifolia, brevistylis, nanella, rubrinervis, gigas, etc. — La plasticité évolutive de la forme originelle, Œ. Lamarckiana, comparée à la stabilité ordinaire de beaucoup d'autres espèces a conduit H. de Vries à supposer que la plante se trouvait alors en *période de mutabilité* : circonstance favorable qui a enfin permis à l'homme d'assister à l'apparition d'espèces élémentaires.

Cela connu, les zoologistes découvrirent que la mutation pouvait exister également chez les animaux. Rappelons quelques cas bien observés. Vers 1798, il apparaît, dans une ferme du Massachusetts, provenant de sujets normaux, un couple de moutons aux membres très courts, particularité avantageuse, car elle rend impossible l'escalade des haies qui séparent les pâturages : la variation est conservée et donne lieu aux moutons « ancons » ; — Citons encore les bœufs ñatos à profil de bouledogue : cou et têtes courts, narines retroussées, lèvres non réunies, apparus en Argentine, et plusieurs fois en France ; — les bœufs sans cornes; — chats anoures ; — les souris sans tibia dites souris « luxées » observées par Rabaud ; les pigeons culbutants, les pigeons-paons, les poules à cinq doigts, les poules à cou déplumé, etc., etc. — Les insectes ont fourni à ce sujet, un exemple comparable à celui des Œnothères : un parasite terrible de la pomme de terre, Leptinotarsa (Doryphora) decemlincata, qui depuis la guerre a envahi, hélas, le Bordelais, a fourni à Tower (1906) un certain nombre de mutations aussi précises que variées.

2° *Relations factorielles.* — Si nous pénétrons dans l'intimité du phénomène, nous sommes bien obligé d'admettre que de telles variations, puisqu'elles se perpétuent, correspondent à une modification *germinale,* c'est-à-dire à un changement dans le génotype, soit qu'il s'introduise un facteur nouveau, soit qu'il disparaisse un facteur ancien, soit encore qu'il se produise une modification chimique portant sur un facteur existant. En supposant que les unités héréditaires soient constituées par les chromosomes de l'œuf, nous devons nous attendre à trouver des modifications nucléaires dans la forme nouvelle. C'est bien ce que constate de Vries: Œnothera Lamarckiana possède 14 chronosomes ; lors des divisions cellulaires il y en a 15 chez Œ. lata, 21 chez Œ. semi-gigas, 28 chez Œ. gigas. — Mais en tirer une conclusion formelle équivaudrait à construire un édifice solide sur une fondation mal établie ; il convient de rester prudent.

Heureusement, le problème peut être abordé indirectement. — Comme en mathématiques, supposons le problème résolu, autrement dit, admettons qu'une mutation est le produit d'une modification germinale, et appliquons la méthode d'analyse mendélienne à l'hybridation des mutés. C'est ce qu'a fait L. Cuénot, avec une sagacité admirable, en suivant l'hérédité des nombreuses mutations de la souris grise. Comme point de départ, il établit la formule héréditaire de la souris normale, recherche assez compliquée, si l'on tient compte de ce que plusieurs caractères peuvent avoir le même déterminant, et qu'un caractère, au contraire, peut correspondre à plusieurs déterminants. Finalement, il arrive à mettre en évidence, pour le pelage, sept facteur qui désigne par C G F M I U (φ) Or, il existe, à côté de la souris normale, des mutations brunes, jaunes, gris-perle, blanches (déjà étudiées), des souris à yeux rouges et d'autres à yeux noirs, etc. Rapportant ces mutations à des changements de déterminants, dont il fixe conventionnellement le symbole, il effectue toutes sortes de croisements et obtient des résultats exactement conformes aux prévisions ; et il conclut : « on peut manipuler les déterminants, comme on fait en chimie avec les atomes, et construire sur le papier des combinaisons que l'on réalise expérimentalement avec la certitude des combinaisons chimiques ». — On peut donc admettre, sans trop de hardiesse, et vu la non-hérédité habituelle des variations du soma (somations), que *la mutation est bien dûe à une modification du génotype.*

3° *Cause.* — Si assurée, logiquement parlant, que soit cette conclusion, elle ne résout pas la question fondamentale du transformisme : quelle est la cause

même de l'évolution, en la circonstance, de la mutation ? Le problème qui avait semblé résolu par les
Néolamarckiens se pose à nouveau et avec plus de dif-
ficulté, puisqu'il est transposé du soma à la cellule
germinale et même, aux entités mystérieuses que sont
les déterminants.

A ce point de vue, nos connaissances ne sont pas
très avancées : les progrès acquis ont payé une lourde
rançon aux théories antérieures : l'abandon des mécanismes en apparence séduisants. — A moins d'admettre une transmutation semblable à celle du radium,
ou, suivant Lotsy, les possibilités d'hybridation,
il faut encore en revenir aux forces cosmiques, les
mêmes que celles qui sont invoquées par les Néo-
lamarckiens. Par exemple, dans les expériences de
Standfuss, préalablement citées, où l'action d'une
basse température sur *Vanessa urticœ* a transformé
quelques sujets en *V. polaris* à mélanisation héréditaire, il faut voir une mutation provoquée par l'action
du froid ; — il est vrai qu'en raison du nombre res-
treint des mutants (finalement, 4 sur plusieurs milliers), il faut bien supposer aussi que la circonstance
introduite n'a fait que trier les individus préparés
à la recevoir ; qu'elle a été, comme on dit en anaphylaxie, la condition déclanchante, la condition pré-
parante existant déjà dans les facteurs internes de
sujets instables. — Lorsque Bordage opérant sur les
bananiers, puis Blaringhem sur le maïs obtiennent
par traumatisme, des modifications immédiatement
héréditaires, ils provoquent des changements pro-
fonds dans la nutrition de la plante et, de ce fait,
nous ramènent encore aux agents externes. — Aussi
bien, l'exemple des animaux domestiques : chevaux,
chiens, coqs, pigeons, etc., qui, depuis leur domesti-

cation, ont présenté tant de mutations variées, dont l'homme a su tirer parti, nous montre ce que peut le changement de régime alimentaire et de climat ; en regard des espèces précédentes, il convient, il est vrai, de placer le dindon et la pintade qui, dans les mêmes conditions, n'ont jamais varié. — Encore : lorsqu'on étudie les faunes atlantique et pacifique, de part et d'autre de l'isthme de Panama qui a surgi à la fin du miocène, on trouve une remarquable similitude de faunes, ce qui est très explicable ; mais il existe entre les espèces géminées, des différences qui ne permettent pas de les confondre. Il faut encore rapporter la variation à la divergence des conditions physico-chimiques.

En tout cas, et c'est là le fond même de la nouvelle doctrine, le mécanisme de toute mutation met en jeu les facteurs internes, représentés par les propriétés du plasma germinatif : l'action du milieu n'interviendrait que pour déclancher une modification latente. D'ailleurs, *la mutation ne se fait pas forcément dans un sens parallèle à la modification produite sur le soma par la cause influençante*, et la preuve, c'est que, dans certaines expériences, la chaleur, le froid, l'humidité, ont provoqué des mutations semblables : mélanisme ou décoloration: le problème de l'adaptation clairement expliqué par Lamarck et par Darwin, semble donc remis en suspens ; nous y reviendrons dans un instant.

L'intégrité réclame que nous signalions ici les résultats d'une récente expérience faite par deux biologistes américains, F. Guyer et E. A. Smith, sur les lapins. On sait que si l'on injecte dans une espèce A, un tissu broyé emprunté à une autre espèce B, on provoque, dans le sang de A, l'apparition d'une substance (anticorps) capable de détruire le tissu B. Partant de là, Guyer et Smith injectent à une poule, du cristallin broyé provenant d'un lapin et de ce fait, développent, dans le sang de la poule, l'anti-cristallin-lapin, ou pour employer le terme exact, la cristallolysine. — Faisant alors couvrir une lapine, il lui injectent, 10 à 13 jours après, c'est-à-dire au moment où le cristallin se développe chez l'embryon, le serum porteur de l'anticorps. Les yeux de la mère n'en sont nullement affectés, mais, après la mise-bas, on constate, chez les petits, de graves déformations oculaires : microphtalmie, opacité, etc. (9 cas sur 61 petits). — Or, chose inattendue, croisant entre eux ces sujets défectueux et en l'absence de toute injection nouvelle, Guyer et Smith ont constaté que l'anomalie est héréditaire. En même temps que le cristallin de l'embryon, un facteur germinal a bien été touché, car si on accouple avec des lapines normales les sujets mâles cristallolysés, on obtient une première génération indemne (yeux normaux dominants) et ensuite, en continuant l'analyse, une seconde génération où apparaissent les petits à yeux dégénérés. A l'inverse de ce que nous alléguions plus haut, il y aurait donc un cas où la variation somatique aurait retenti sur la variation germinale, en provoquant d'une façon incontestable, une « *induction parallèle* ». — Sans que l'importance des déterminants mendéliens en soit diminuée, le problème de l'hérédité des caractères acquis pourrait en sortir moins éprouvé.

II. FORMATION DES ESPÈCES. — Supposons qu'une mutation se produise, à un moment donné, chez quelques individus d'une espèce jusqu'alors stable. Par la reproduction, les mutés ont sans doute la possibilité de croître numériquement en progression géométrique et par conséquent de faire bientôt souche nombreuse, parallèlement à l'espèce originelle qui continue à prospérer. Mais alors intervient la *sélection naturelle*. Si la forme nouvelle est mieux douée que la forme originelle, elle va la supplanter peu à peu ; éaglement douée, elle va pouvoir s'installer à ses côtés ; moins bien douée elle est vouée à la disparition, à moins qu'une adaptation inopinée lui permette de gagner un milieu voisin où la concurrence est nulle ou moins âpre, ce que Cuénot appelle « *une place libre* ».

A ce point de vue, Cuénot a étudié la plupart des places libres récemment offertes au peuplement animal : conduites d'eau nouvellement installées, caves, galeries de mines, mares salées de Lorraine, etc. Il constate qu'elles sont habitées par des formes provenant du milieu « analogue » voisin et en outre, présentant *préalablement* les dispositions nécessaires pour y prospérer dans les nouvelles conditions. Par exemple, les mares salées de Lorraine abritent des épinoches légèrement modifiées qui ne peuvent provenir que des ruisseaux les plus proches. D'aucuns l'expliqueraient en admettant que l'épinoche d'eau douce s'est adaptée peu à peu à la salure (explication néo-lamarckienne). — Pas du tout, répond Cuénot ; si l'épinoche venant des ruisseaux voisins a pu émigrer dans l'eau salée, c'est parce qu'elle possédait préalablement, une propriété assez exceptionnelle : l'euryphalinité, c'est-à dire la possibilité de vivre dans les eaux de salures différentes, ce que l'on vérifie aisément. — Ajoutons : la girafe n'a pas un long cou parce qu'elle s'est accoutumée à se dresser pour brouter les feuilles des arbres ; elle résulte d'une série de mutations

qui ont porté sur certains ruminants des régions
herbeuses et qui ont eu pour conséquence un allongement énorme des segments antérieurs. Dans
la suite, une concurrence sévère l'ayant obligé à gagner
des endroits plus arides, elle a pu survivre en
adoptant un régime nouveau, ce que lui permettaient
ses déformations : hier, monstruosités, aujourd'hui,
adaptations très précises.

En conséquence : « une adaptation suffisante est
nécessairement antérieure à l'installation dans la place
libre » ; — si bien, « qu'il n'y a pas de lien causal
entre l'adaptation suffisante à un milieu et les conditions de ce milieu ». — Nous sommes loin de l'explication lamarckienne. — D'ailleurs, la généralité de
ces phénomènes d'adaptation pourrait bien n'être
qu'un truisme. Sans doute, il y a adaptation puisque
l'être dure, mais sans cela, il eût été immédiatement
éliminé. A cet égard, les poissons fournissent un
exemple particulièrement suggestif : en raison de la
quantité énorme de produits sexuels libérés dans l'eau,
il doit se produire constamment une multitude d'hy-
brides. On a pu, aussi bien, en réaliser expérimentalement en fécondant les ovules des espèces marines
osseuses avec la laitance de n'importe quelle autre
espèce marine osseuse. Mais, dans ce cas, les embryons,
mal conformés, ne vivent que peu de temps. — Finalement, il ne subsiste que les organismes bien coor-
donnés, et nous en recevons une impression d'harmonie tout à fait fausse. Et puis, cette adaptation
même est moins parfaite que nous le supposons. En
cours de route, que de maux, que de défaites l'animal
n'a-t-il pas dû subir. La lutte incessante que suppose
la vie cadre mal avec la perfection organique habituellement admise.

Telle est la théorie de la « *préadaptation* » de Cuénot et Davenport. Peut-être, le terme qui la désigne est-il mal choisi ; les adversaires ne manqueront pas de la trouver empreinte de finalisme, et cependant, rien n'est moins téléologique que cette manière de voir, puisqu'elle nous ramène à la loi du hasard. En tout cas, si l'édifice, patiemment construit par les Mutationnistes présente encore des fissures, sa solidité ne fait aucun doute. Et déjà les idées de Cuénot ont exercé une réaction salutaire. En déclarant que l'aptitude possible de l'organe doit précéder la fonction, le biologiste nancéen a substitué au postulat lamarckien très discutable, « la fonction crée l'organe », un principe plus adéquat à l'expérience et au bon sens. —

Enfin, quoi qu'il advienne, dans l'avenir, de la théorie de la mutation, elle aura eu le mérite de restituer aux *facteurs internes* jusqu'ici assez négligés, le rôle important qu'ils jouent dans le développement de l'organisme. La distinction fondamentale entre mutations et somations, la notion d'hérédité germinale justifient amplement ce « changement de front ». Non pas que soit diminuée l'action du milieu ; dans les conditions ambiantes : nourriture, chaleur, excitants de toute nature, le germe resterait inerte, mais elle est transférée à la place exacte que lui assigne la mécanique du développement. — Concluons avec Ed.-G. Conklin : « *L'organisme entier... se développe à partir du germe, et l'organisation de celui-ci détermine toutes les possibilités du développement, ...mais la réalisation quelconque d'une possibilité quelconque dépend également des conditions de milieu* ».

*
**

Conséquences. — Arrivé au terme de ces deux conférences durant lesquelles nous avons parcouru rapidement, trop rapidement, une route longue et difficile, nous avons le devoir de placer la question dans son cadre général en dégageant les enseignements qui découlent des récentes recherches.

Il y a tout d'abord une magnifique promesse d'applications utilitaires. Les allusions que nous avons faites, en cours d'exposé, aux pratiques agricoles, nous dispensent d'insister sur ce point, qui est loin d'être négligeable. — Les curieuses races de plantes obtenues par Burbank, l'augmentation de la ponte des œufs et sa régulation saisonnière, réalisées en Amérique notamment par Pearl constituent des résultats encourageants. Il nous souvient même d'avoir admiré, au concours avicole de 1920, une race nouvelle de volaille, dite race de Mendel, créée de toutes pièces par O. Smart, réunissant à la fois la précocité, la rusticité, l'aptitude à la ponte et l'excellence de la chair.

En regard de la persévérance des éleveurs qui vise à l'amélioration continue des races domestiques, il est bien regrettable de constater combien est faible, le souci d'améliorer la race humaine. A la rigueur, tant qu'a régnée une foi absolue en la toute-puissance du milieu et de l'éducation, la chose se pouvait comprendre. Il est d'ailleurs exact que ces deux facteurs jouent ici un rôle considérable, et d'autant plus grand que la période d'immaturité chez l'homme est plus longue et les facultés très complexes. Mais les recherches modernes ont mis en évidence également l'écrasante importance de l'hérédité et il est désormais interdit de le négliger.

Pourquoi la race ne s'est-elle pas améliorée ? A cause de la méconnaissance totale des règles qui tendraient, tout en tenant compte des égards imposés par la civilisation, à assurer la persistance des bonnes mutations et de plus, à sélectionner très judicieusement l'élite. Au lieu de cela, les choses vont leur train, au petit bonheur, perpétuant, augmentant même la dysharmonie, déjà signalée par Galton, qui existe entre l'hérédité germinale, stagnante, et la puissance croissante de nos moyens d'action. Suivant les eugénistes, la civilisation sombrera si la société n'institue des mesures propres à assurer une meilleure race ; mais quel conflit de telles mesures ne provoqueraient-elles pas, entre la société et l'individu, dans un pays fortement individualiste comme le nôtre ? problème troublant qui s'offre à la sagacité des sociologues.

Au point de vue pédagogique, nous devons faire remarquer que les théories nouvelles n'enferment nullement dans une ligne rigide le développement de l'esprit. Il y a, dans chaque sujet, une foule de potentialités de valeurs différentes, et le vrai problème de l'éducation consiste à en tirer le meilleur parti possible. D'autre part, il est non moins exact que les élèves diffèrent entre eux par leurs possibilités : l'observation courante d'une classe homogène le montre à chaque instant ; dans les mêmes conditions, certains élèves s'éteignent brusquement nonobstant des efforts continus, alors que d'autres, préadaptés, qui ne semblaient pas meilleurs, continuent à se jouer, sans effort, des pires difficultés ; il serait déplorable et stérile de vouloir quand même réaliser l'unification. Dans cet ordre d'idées, remarquons aussi que le bon

milieu, c'est-à-dire celui qui aide le mieux l'adolescent
à découvrir ses facultés, à discipliner son effort n'est
pas forcément le plus aisé ou le plus raffiné, mais
celui qui fournit l'excitant approprié et fait naître
la chance du meilleur rendement.

En nous conduisant à la dissociation des facteurs
du développement, la théorie de l'évolution des
espèces n'est donc pas seulement, comme nous le
disions au début, un simple ornement de la pensée
humaine ; elle peut devenir un puissant facteur
d'action, et de ce fait elle doit obtenir droit de cité
dans toute pédagogie rationnelle.

OUVRAGES A CONSULTER

L. CUÉNOT. La Genèse des espèces animales. Lib. Alcan.
Paris, 1921.

Ed.-G. CONKLIN. L'hérédité et le milieu ; leur rôle dans le
développement de l'homme. (Trad. de l'anglais par le D[r]
Herlant). Lib. E. Flammarion. Paris, 1920.

Y. DELAGE et M. GOLDSCHMIDT. Les théories de l'évolution.
Lib. E. Flammarion. Paris, 1909.

TABLE DES MATIÈRES

Nantes. — Imp. du Commerce, 12, rue Santeuil.

QUI SÈME BIEN RÉCOLTE BIEN